真　善　美　叢　書

一個八歲女童與神學家外祖父交換問答

與孩子談信仰

羅伯・詹森 & 索爾葦・高蒂 著

周翠珊 譯

基道出版社

▼
真善美叢書

與孩子談信仰

一個八歲女童與神學家外祖父的交換問答

Conversations with Poppi about God

An Eight-Year-Old and her Theologian Grandfather Trade Questions

作者
羅伯 · 詹森 Robert W. Jenson
索爾葦 · 高蒂 Solveig Lucia Gold

譯者
周翠珊

責任編輯
李慧儀

裝幀設計
奇文雲海 · 設計顧問

■

出版／發行
基道出版社
香港沙田火炭坳背灣街26號富騰工業中心1011室
LOGOS PUBLISHERS
Unit 1011, Fo Tan Ind. Centre, 26 Au Pui Wan St., Shatin, Hong Kong
電話：(852) 2687-0331 傳真：(852) 2687-0281
網址：http://www.logos.com.hk

承印
基業印刷廠有限公司

●

4/2009 初版
Cat. No. LP524
ISBN 978-962-457-373-2

刷次	10	9	8	7	6	5	4	3	2	1
年份	2018	2017	2016	2015	2014	2013	2012	2011	2010	2009

索爾葦序

一切都是在一個漆黑寒冷的晚上開始的。已經早過了上牀的時間，我坐在公公和婆婆在新澤西州普林斯頓的家中。我問了公公一個神學問題。當時是二〇〇三年秋天，我八歲。在二〇〇四年八月三十日的今天回頭看，我已經忘了那個問題是甚麼，但我很記得公公給了一個長長的回答，這引發我再問了他一連串神學問題。

第二天早上，婆婆提議公公和我多談一點兒，並且把所談的都用錄音機錄下來，把內容變成一本書。順帶一提，我之所以在起初會問公公問題，是因為他是法政牧師教授羅伯．詹森博士（Reverend Canon Professor Dr. D. Robert W. Jenson），也是文學學士（B.A.）、道學學士（B.D.）、文學碩士（M.A.）、神學博士（D.Theol.）、希伯來文獻博士（D.H.L.）和道學博士（D.D.）。你可能已經注意到他有頗長的頭銜。唔，我只能夠說，這一大堆頭銜就跟他的回答一樣長。

正如你可以看到的，我們按計劃進行了。我們到無線電室（Radio Shack）買了一部錄音帶錄音機。[1] 從此以後，每到週末我就到普林斯頓去，我們會討論神學，完了之後婆婆會收聽錄下來的內容，並且將之打成文字稿。她把甚麼東西都寫下來，包括我問公公錄音機是否運作正常。說起這個，讓我記起有一天，我們來了一次很精彩的傾談，之後才曉得我們沒有把內容錄下來。真是令人失望。

若要知道更多，你就一定要讀這本書啊！

索爾葦．高蒂

（Solveig Lucia Gold）

二〇〇四年八月三十日

---

1 無線電室（Radio Shack）是美國連鎖電器用品商店。

公公序

下面記錄了一個八歲神學家和一個七十三歲老神學家，完全沒有底稿的交談。

交談的內容跟你將要讀到的內容幾乎一樣，由我負責根據錄音抄本進行文字編輯。我把說話者喋喋不休的話刪除；為了讓對話保持原汁原味，我選擇把「嗯、哦、唔、要知道、要明白……」等等保留下來，但也減去了不少。當與人面對面說話時，這些話跟腔調、身體語言一起運用，能夠有助於溝通；但當記錄在紙張上時，它們就只不過是助語詞而已。我把那些因為講者前言不對後語（我們兩人都發生過一、二次），或者錄音失敗（索葦爾不斷在椅子上轉來轉去，我則一直往後挨著）而留下來的無意義雜音拿走了。我也為我自己失當的措辭做了補救工夫——當然這樣做是為了讀者的緣故。

在交談中，我不認為我該立即糾正索爾葦或我所陳述的每一個神學或歷史錯誤，盡管我的一些錯誤令人尷尬。我在整理文稿時也沒有這樣做。

散見於下面文稿中的副題，並不是每場討論開始的標記，而是顯示有人在那裏轉換了題目，通常——正如讀者該觀察得到的——是因為就一個題目的討論令人聯想到下一個題目。

最後，除了我們一家之外，為甚麼別人要讀這本書呢？從柏拉圖開始，人們就相信真理（無論神學或者其他）的第一個家，就是真實的對話，而第二個家則是閱讀這些對話紀錄。此外，本實例中的兩個神學家，一個是到教會聚會的小孩，一個是學術專業人員，在我們看來，他們彷彿是以特別的方法來佈置第二個真理之家，這種方法也許對下列人士有用：類似的孩子和那些必須應付此類孩子的人，以及對類似的學者和那些必須應付此類學者的人。我們建議你：把這本書當成是柏拉圖的對話那樣去閱讀，縱使書中蘇格拉底的角色是由兩個人輪流扮演的。

羅伯・詹森

(Robert W. Jenson)

二OO四月十月

目錄

起初

公　公：你想談甚麼？

索爾葦：起初。

公　公：好。甚麼東西的起初？

索爾葦：世界。

公　公：整個世界嗎？

索爾葦：為甚麼我們在不同的日子被造？

公　公：你是指像聖經開頭的那故事麼？

索爾葦：是的。

公　公：嗯，當你讀那故事，你會發現創世的故事是由比較簡單的東西談到比較複雜的東西。首先從大爆炸中有光，然後分開重的和輕的東西——水、泥土、空氣——再來是各樣植物，接下來是魚……

索爾葦：為甚麼魚排在後面？

公　公：你知道嗎，達爾文的進化論發現了一個大同小異的次序。先是植物進行進化，然後是動物——當中先是魚類、接著是鳥……不對，應該是地上的走獸。我們認為我們是最重要的，所以我們最後被造。

為甚麼有禁果？

索爾葦：為甚麼上帝要引誘夏娃吃禁果？

公　公：要知道，故事裏引誘夏娃吃禁果的不是上帝……

索爾葦：是蛇。可是，為甚麼上帝創造一條引誘夏娃吃禁果的蛇呢？

公　公：公公不知道。

索爾葦：有時候，我想祂這樣做更好，因為不是這樣的話，大家就不存在了。

公　公：為甚麼不存在了呢？

索爾葦：因為那就沒有創造其他人的理由了。

公　公：有趣。那為甚麼祂要以夏娃吃禁果來作為創造其他人的理由呢？

索爾葦：嗯，如果她沒有吃，就會長命百歲，那我們怎麼也不會存在了。

公　公：要知道，有很多人，包括基督徒神學家在內，都曾說過類似的話——為了讓生命在地上延續下去，不能永遠只有人出生而沒有人死亡。

索爾葦：對啊。

公　公：如果上帝希望人代代相傳，人類就需要死亡；若不是代代相傳，就不會有你了。

索爾葦：如果祂只是為了有個伴兒才造我們，那又怎樣呢？祂不用禁果也能夠造個伴兒。

公　公：你指祂有兩個伴兒就該滿足了嗎？

索爾葦：是呀。

公　公：我想祂本來是滿足的了。

索爾葦：我認為祂想要……

公　公：祂想要索爾葦。

索爾葦：祂希望往後的日子裏，除了兩個人之外，有更多其他有趣的東西相伴。

公　公：對了。祂希望有索爾葦和公公。為甚麼祂希望有**那麼**多人，我們倒要問問祂。

索爾葦：只有兩個人，一個男，一個女，後來怎會有這麼多孩子？然後他們又怎麼會有更多孩子？接著他們怎樣各自成家？這些到底是怎樣發生的？

公　公：事情可以這樣發生，不是嗎？假定亞當和夏娃有四個兒女——我們不知道他們有多少個孩子。聖經只提了兩個，但假設他們有更多的孩子。他們一定要有女兒，不然該隱和亞伯就找不到妻子了。

索爾葦：對。

公　公：那就是四個兒女。

索爾葦：等一等！除了亞伯之外，誰是另一個兒子？

公　公：該隱。

索爾葦：我在八月所讀的那本書，書中的女孩有個名叫亞伯的園丁，他有個名叫該隱的兄弟。該隱差一點便殺死亞伯，但最後沒有這樣做。但在聖經中，他真的把他殺死了。

公　公：假如亞當夏娃有五個孩子，其中有四人結婚，兩對夫婦各生五個孩子……

索爾葦：對。

公　公：可以看到事情可這樣發生的。據一些科學家說，有個叫「非洲的夏娃」……

索爾葦：科學家往往想出古怪的事情來。

公　公：他們說曾經有一段時間，大概是在非洲吧，並沒有原始人而只有好像我和你一樣的人類。因此，一定有一個女人曾經存在，她是所有人種的第一個祖先。

索爾葦：嗯。

沉悶的天堂？

索爾葦：那麼當我們到了天堂，又在那裏永遠活著，這不會有點悶嗎？我們要在那裏永遠、永遠、永遠……

公　公：聖經不是這樣說的。

索爾葦：好吧……

公　公：上帝的國並不是不斷延續同一個境況。我在你這樣的年紀時，坐在教堂裏聽傳道人講道，傳道人恰巧是我父親。他談到天堂與地獄，我坐在那裏像你這樣想著——如果天堂只是不斷延續同一個境況，而地獄也是這樣的話，那它們就沒有多大分別了。

索爾葦：一點都不快樂。

公　公：但聖經所說的終局，其實是指人被帶進上帝自己的生命裏，而上帝的生命，可以說，就是一大興奮，一種爆發出來的興奮。

索爾葦：就像得到你一直想要得到的東西那種興奮。

公　公：或者付出你一直想付出的東西的那種興奮。

索爾葦：或者坐在公公大腿上的那種興奮。

公　公：你喜歡坐在公公的大腿上，是嗎？我很開心。好了，還有要知道一個重點。想一想一個十全十美的公公。你現在的公公……（笑）

索爾葦：你相當完美。

公　公：非常謝謝，只是相當完美嗎？一個十全十美的公公……

索爾葦：可能是……一個十全十美的公公應該是……

公　公：上帝。

索爾葦：公公，上帝是我們的**父親**。所以**祂**一定有父親，對嗎？

公　公：這個……我不認為上帝是個父親和另外還有一個祖父……這樣想下去可以沒完沒了。

談論上帝

索爾葦：我們怎樣知道上帝像甚麼呢？我們是怎樣有上帝的形象的？我們怎樣知道祂像甚麼？

公　公：因為耶穌，所以我們知道祂像甚麼。

索爾葦：是的，但那是幾千年前⋯⋯

公　公：不管如何，我們還是知道事情就是這樣。

索爾葦：但那是（停頓）兩千三百年前的事了。

公　公：當然。但關於祂的故事，祂曾做過甚麼事情和祂像甚麼，還一直被人傳頌。另外，根據故事所說，祂並非只是死了。

索爾葦：是的。

公　公：祂死而復活，因此祂現在還活著⋯⋯

索爾葦：對。祂現在在父上帝的右手邊。

公　公：所以我們的確是經常與祂相遇。

索爾葦：對，對。當你說「在父上帝的右手邊」時，祂不一定要有右手。我認為那可以指祂的右**邊**。可是若祂沒有右邊呢？

公　公：有兩個答案。其中一個是，由於耶穌應該跟父上帝一模一樣，那麼，上帝有手也是頗為合理的，因為耶穌是有手的。

索爾葦：但有人說……怎麼說呢？今年我們向一年級同學唱了一首歌，歌詞說：「願祂用手掌永遠托住你。」我們的音樂老師說，祂只要用一隻大手掌，就能托住我們所有人。祂不需要用兩隻手掌。

公　公：好的。

索爾葦：祂不需要用兩隻手來托住薄餅。祂用一隻手就做到了。

公　公：或者甚至不需要用手。

索爾葦：對呀。

公　公：我說有兩個答案……

索爾葦：是的。

公　公：一個是因為耶穌，所以上帝有手是頗為合理的。另一個答案是因為——無論如何，雖然不**完全**是，但很大程度上是——我們用來形容上帝的言語，是我們稱之為隱喻的東西。

索爾葦：那是甚麼意思？

公　公：指你用來說明某事物的話並不真能足以說明那事物。

索爾葦：嗯。

公　公：就像布蘭奇[2]把你叫做莫法特小姐一樣。[3]

索爾葦：是的。

公　公：你不是故事中的莫法特小姐。

索爾葦：我不是。

公　公：你也沒有坐在小土墩上吃凝乳和干酪。

索爾葦：我沒有。

公　公：但她想對你說點甚麼，說一件可愛的事，一件……

索爾葦：她想說我是多麼可笑！

公　公：即使你不是莫法特小姐，也把你稱為莫法特小姐，若不用這個稱呼，就不能真的完全表達出當中意思。這就叫做隱喻。

索爾葦：好吧，所以……

公　公：所以如果我們說上帝是萬古磐石，祂就不是在河中的一塊花崗石。

索爾葦：讓你可以踏在祂上面。

公　公：上帝有些像磐石似的特質。

索爾葦：堅固。

2　Blanche，索爾葦的婆婆，公公的妻子。

3　譯者按：*Little Miss Muffet*，十九世紀西方兒歌。

公　公：堅固、厚重……

泥土、空氣、火、水——和一些救恩論

索爾葦：要是上帝身體的一部分是空氣呢，那又怎樣？你可以輕易地舉起空氣。

公　公：上帝沒有肢體。

索爾葦：我是指祂身體的一部分是空氣，一部分是水，一部分是固體……

公　公：知道你剛做了甚麼嗎？

索爾葦：甚麼？

公　公：你重新使用了一些早期希臘哲學家的神學。（笑）在起初的哲學和神學中，希臘哲學家想知道事物的本質是甚麼。你剛剛說的正是他們思考這個問題的方法之一。

索爾葦：本質？

公　公：甚麼是實在的？這是他們問的問題。有人說空氣、有人說泥土、有人說火、有人說水。到最後他們說可能是全部四種。上帝和我們都是由空氣、火、水和泥土造成的。

索爾葦：我們是嗎？

公　公：我不認為是，但……

索爾葦：大概空氣是給我們呼吸用的；地獄有火，而天堂就有別的東西。

公　公：要是由我來說，我會倒過來說。

索爾葦：為甚麼？

公　公：我會讓天堂有火，這樣那裏就不會陰暗了。（笑）我會用陰暗且陳舊的泥土造地獄。

索爾葦：那你就別想有很多人進天堂了。以前人們慣常說地獄是個有火的深坑，你是要跳進去的。

公　公：你要知道，他們的想法是，若果火將你燒傷了會怎樣，會很痛呢。

索爾葦：對。

公　公：要是不會弄傷人的火呢？

索爾葦：不會弄傷人的火，不過是跟充滿了水分的空氣一樣，你可以在中間飛過去。

公　公：那會是明亮的、令人興奮的。這可以是用來形容天堂的貼切隱喻。

索爾葦：是的。不過地獄就一定要是固體的。

公　公：沉重的和陰暗的。

索爾葦：像監獄一樣。監獄真是可怕。它們很堅固，有圍欄。假定你死了，你的身體還在世上，然後你的靈魂去天堂或者地獄。上帝是怎麼能夠選出誰去天堂誰去地獄的？

公　公：憑著眼於耶穌，祂愛**你**，索爾葦。

索爾葦：你能説明給我聽嗎？

公　公：關於與耶穌在一起，其中一個演繹説明的方法是，耶穌將祂自己那麼緊緊地與你連結起來，甚至當父上帝想要祂的兒子時，耶穌也和你連在一起。這就是上帝怎樣把你選出來。

罪惡

索爾葦：可以告訴我關於魔鬼的故事，和他是怎麼變得那麼可怕的嗎？

公　公：魔鬼的故事和為甚麼他變得那麼可怕，我就不知道啦。別人說的鬼故事並不是從聖經來的，知道嗎？

索爾葦：知道。

公　公：除了泥土和空氣之外，上帝希望有生物——植物、動物、人類等等。好了，有一個方法去辨別你的生命和你的身體的分別：若你死去，你的身體還在這裏，但你的生命卻已離去。所以魔鬼的故事——我不知道是真是假，但人們是這樣說——據說上帝想要**只有**生命沒有身體的生物，這生物就是天使。

索爾葦：而魔鬼是天使，對嗎？

公　公：魔鬼是天使長。

索爾葦：他是上帝所愛的天使。

公　公：他叫路西法（Lucifer），「光明之子」。

索爾葦：之後路西法背叛上帝。

公　公：對。你知道為甚麼他這樣做嗎？

索爾葦：為甚麼？

公　公：因為上帝在造人之前造了天使。那不是按正常的創造次序，但據說是這樣。

索爾葦：而天使的構造比人類更複雜。

公　公：所以我說那不是按正常的創造次序。不管如何，據說上帝先造天使，之後祂告訴天使祂準備造人，天使說：「你要他們來幹麼？你已經有我們了。」上帝於是告訴天使，祂不單止要造人，祂自己還要變成那些受造物的一分子。祂要成為像耶穌這樣的人而不是天使。這令天使十分妒忌：「哪天你要想變成受造物，你一定要變成我們。」這就是路西法的妒忌。

索爾葦：所以他被逐出天堂，是嗎？

公　公：是的。

索爾葦：但他不想被逐。

公　公：故事說路西法再不想跟一個笨得想造人，並想把自己變成人的上帝再有任何關係。

索爾葦：唉，有時那確實有點笨……像創造暴風雨、創造會想可怕東西的腦袋……

公　公：你不認為造腦袋是個頂好的主意嗎？

索爾葦：腦袋會想出可怕的事情來，會想出死亡啦、打仗啦之類的腦袋……

公　公：神學家討論罪惡的問題和意義，為甚麼上帝容許罪惡的事情發生？

索爾葦：對啊。不過，有些惡事的目的原意是好的。

公　公：也是。

索爾葦：有些戰爭是為了除去可怕的東西。

公　公：但為甚麼最初會有要被除去的可怕東西出現呢？

索爾葦：而上帝又造了能製造可怕東西的腦袋，這腦袋製造出炸彈。為甚麼？

公　公：唔，有兩個答案。一個是我們不知道。不少人因為罪惡的存在而完全拒絕相信上帝。其中一本偉大的小說——可能是最偉大的小說——陀斯妥也夫斯基（Dostoyevsky）的《卡拉馬助夫兄弟們》（*The Brothers Karamazov*）中有一個角色名叫伊凡，他是小說中最有趣的人物。伊凡有一個很虔誠的弟弟，一天伊凡把自己是無神論者的原因告訴他弟弟……

索爾葦：甚麼是無神論者？

公　公：就是指不信有神的人。伊凡是無神論者，因為他不想跟一個連小女孩被虐待都容許的神有任何關係。有這種想法並不是笨。

索爾葦：這並不笨。從很多方面說，人可以相信可怕的事情可能存在……就好像一個人可以信世上有鬼魂或者巫師，他們是可怕的東西。你可以信有那類東西。

公　公：你不是真的相信有那些東西吧？是嗎？

索爾葦：嗯……不信。我的問題是……我們要離開關乎上帝的題目啦，不過，要是沒有巫師和鬼魂，人們的腦袋是怎樣想出他們來的？比方說，人們怎會相信和認為某人是一個巫師？

公　公：人都很想為事情尋個解釋；這是上帝創造我們的一部分。格泰爾[4]不需要為事情尋解釋。

索爾葦：她不需要。

公　公：但我們需要。

索爾葦：不然我們的腦袋就會裂開。

公　公：世上所發生的許多事情，讓人們輕易為相信巫師真的存在找到解釋。當有人生病時，**我們**說……

索爾葦：我們體內有蟲子。

公　公：在我們知道蟲子之前，又怎樣呢？

索爾葦：可是，蟲子是在很早以前就被造的了。

公　公：比較起來，蟲子是在幾年前才被人**發現**的。

索爾葦：不完全對，因為有些蟲子……

公　公：不是那種讓你生病的蟲子，像濾過性病毒和細菌。想像一下這個境況：在一條村子裏，一個房子中的全部孩子突然都生病了。人人都知道隔壁的鄰居很討厭那些孩子，因為他們很吵，那人老早就想他們死去。這個解釋

4　家中的狗，一頭可親和老年的諾里奇㹴犬（Norwich terrier）。

説明……

索爾葦：她是巫婆。

公　公：不知何故，她有能力讓類此的事情發生。你明白了嗎？

索爾葦：明白了……讓我們回到神學話題去。

上帝、耶穌和路西法

索爾葦：上帝和耶穌之間有不少關係。例如，祂們都是被祂們十分信任和熟悉的人出賣。

公　公：就上帝來説，祂是被路西法出賣的。所以……

索爾葦：就像你先前説過那樣。耶穌是第二位上帝，有許多發生在祂身上的事情跟發生在……

公　公：父上帝身上一樣。

索爾葦：對。

公　公：福音書也是這樣説。不知你是否聽過或者注意到這段聖經。你知道啦，有時你在教會不專心……

索爾葦：我在看書。

公　公：那段經文說，魔鬼進入猶大的心，他就出賣耶穌。所以按那故事所說，同一個人實際上出賣了上帝兩次。其實你可以從相反的角度理解。憑我們所能知道曾在這個世界上發生的是，猶大出賣了耶穌。正因為這一點，我們認為同一情況在萬物之初就必定曾經發生過。

索爾葦：是的。為甚麼只是兩天的光景，路西法就作了天使長了……

公　公：你要記住，整個關於路西法的故事都不是出於聖經的。

索爾葦：對。

公　公：那純粹是一個動聽的故事。

索爾葦：是一個預言，對嗎？

耶穌、上帝其他的兒女和一些神學詞彙釋義

索爾葦：假如耶穌是上帝的兒子……

公　公：祂**的確是**上帝的兒子。

索爾葦：**的確是**上帝的兒子。但我們都是上帝的兒女啊，所以祂跟上帝的關係本來應該——我猜——更親近。情形就有點像，要是約瑟是祂的生父，祂跟上帝的關係就和我們跟上帝的關係一樣。

公　公：這是倒果為因的說法。我們是上帝的兒女因為……

索爾葦：因為耶穌。

公　公：因為我們被收納為祂的兄弟姐妹。這是另一個隱喻。就像在一個家庭裏一樣。讓我說一個故事。有一個家庭，家中有一個孩子——就像你和我的家。

索爾葦：是的。

公　公：只是，在這個家庭裏，那孩子完全無私……

索爾葦：聽起來倒不像我。（笑）

公　公：在這家中，那孩子是個無私的孩子，他對父母親說：「我很寂寞，我想有會跟我分享東西的弟妹。」但父母親說：「對不起，我們不能再有孩子了。」

索爾葦：我也想要有妹妹或弟弟——也許吧。

公　公：那孩子說：「有妹妹或弟弟就好了。」於是為了這個親生孩子，爸媽就收養了別的孩子，被收養的孩子確實有兒女的身分，但這個身分卻完全是因為第一個兒子或女兒而來的。耶穌、上帝和我們的關係就有點像這樣。

索爾葦：好吧。那麼……這是個頂有趣的問題，可是……這跟神學不大有關係，只是隨便問一問：你想為甚麼 God（上帝）倒過來串會是 dog（狗）呢？

公　公：純粹巧合。

索爾葦：人們考慮 dog 字的拼寫時，你認為他們知不知道反過來就是 God？

公　公：不。那只是英語的一件意外事件。

索爾葦：當然啦，因為在所有別的語言中……

公　公：拉丁文的神字是 *deus* 而狗是 *canis*，兩個字沒有關係。

索爾葦：那你認為為甚麼我們那麼熱烈地去問這一大堆問題呢？

公　公：嗯，回來談創造……就像你開始時說的那樣，上帝造人是為了有個伴兒。意思是一定要有人發問，並且問與上帝有關的問題。喂，你是伊莎貝的朋友，要是你完全沒興趣去了解伊莎貝……

索爾葦：那我們就不會是朋友了。

上帝取笑人

索爾韋：你想——這樣問有點傻，但不管如何——上帝有時會取笑我們嗎？祂坐在天堂的某一處，看到我們做可笑的事時就發笑。祂笑我們做蠢事。

公　公：是的。要是上帝沒有很豐富的幽默感，祂根本就不會容忍我們。

索爾韋：（笑）

公　公：我想祂也取笑我們——換句話說，經常刺激我們。

索爾韋：對。要是我們被毛氈絆倒了，祂就……

公　公：祂就發笑。

聖誕老人

索爾韋：當人們想到聖誕老人——聖誕老人這個概念跟上帝十分相像。

公　公：不，他們不像。

索爾葦：有點像。聖誕老人總是高高興興的，而且十分⋯⋯

公　公：唔，你看，有兩件關於聖誕老人的事。聖尼古拉斯（St. Nicholas）的荷蘭語是 *Sinter Klas*，而世上真有聖尼古拉斯這人。他是一個主教，因為施予他人而聞名。

索爾葦：是。但完全一樣⋯⋯

公　公：他**有點**像上帝⋯⋯

索爾葦：非常像上帝。

上帝的動機

索爾葦：若上帝是宇宙的王，為甚麼我們還要有王帝、酋長和總統？

公　公：跟祂想有索爾葦和公公的道理一樣。你在第一次答對了。祂想有個伴兒。我們喜歡有跟我們不同但卻又相像的伴兒。伊莎貝和你就很相似⋯⋯

索爾葦：真的。那天我們為對方量身高，我們差不多一樣高，我們腳掌的尺碼也一樣大。

公　公：不光是身體的大小，而是你做甚麼，你喜愛甚麼。好了，假如上帝肯定是充滿萬有的——意思不是説祂像一塊大布丁那樣攤開，而是無論任何事物之所以能夠存在，是因為這事物早已包含在上帝裏面——那麼，有王帝，就是因為上帝是王；有索爾葦，是因為在上帝裏面有可愛和迷人的特質。有個伴兒……

索爾葦：對。在某些方面上帝是很自私的，因為祂想要有個伴兒。祂不關心別人有沒有伴兒。**祂**想有個伴兒。

公　公：嗯，好了，這是神學家爭論已久的問題。到底上帝創造，是為了自己還是為了我們呢？祂自私還是不自私呢？

索爾葦：又自私又不自私。

公　公：正是。到目前為止，最好的回答是來自一個名叫愛德華滋（Jonathan Edwards）的人。他認為上帝是為了自己而創造和愛我們，因此，我們是討上帝喜愛的，也因此祂為我們的緣故而愛我們。所以兩個答案都對。上帝自私嗎？是。上帝絕不自私嗎？是。

索爾葦：等一等！不自私和自私……

公　公：在上帝兩者都一樣。

索爾葦：好的。

公　公：你可以這樣去理解。若你完全自私，你就不自私，而……

索爾葦：我猜……意思是不是說，要是人是自私的，上帝不會很介意，因為祂……

公　公：問題是我們從來都不是**完全**自私的。我們只不過在微不足道的小事上……

索爾葦：自私。我們領的聖餐是耶穌的身體和血。「這是我的身體和血……你們如此行，為的是記念我……我很棒，你一定要記念我」，某程度上耶穌這樣說豈不是自私嗎？

公　公：是的。但要記得經文同時說：「這是主的身體，為**你們**捨的。」

索爾葦：對。

公　公：還有「這是主的血，為**你們**流的」，也是為所有人流的。所以我們說，在上帝自私和不自私都是一樣的。

索爾葦：自私與不自私。

領聖餐

公　公：讓公公問你，你喜歡領聖餐，是嗎？

索爾葦：我到教會最愛做的事情就是領聖餐。

公　公：為甚麼？

索爾葦：喔，我喜歡領聖餐時站起來，而且在崇拜時，間中我覺得很口渴……

公　公：聖餐的酒該不夠幫你止渴。

索爾葦：我喜歡領聖餐，其實是因為我可以伸展一下手腳，又可以圍著教堂走一圈。

公　公：這些都不是領聖餐的最重要理由。

索爾葦：我知道，但卻是我最愛在教會做這事情的原因。其實，這不是我最愛做的事。

公　公：你最愛做甚麼？坐在教堂的長凳上看書，完全不專心聽道？

索爾葦：（笑）

公　公：你想知道關於聖餐的甚麼嗎？

索爾葦：嗯……人人都有細菌，卻飲同一個杯，談談這個怎麼樣？真有點怪。你最好期望不會染病，但你永遠不肯定會不會。

公　公：你想公公談這個麼？

索爾葦：是。

公　公：好的，有幾點。一，在很多場合裏人們都會飲同一個杯，像足球隊贏了比賽，他們一打開香檳酒就傳著喝，是嗎？

索爾葦：是。

公　公：喝同一個杯表示大家是一家人。

索爾葦：我知道。不管怎樣，我認為喝同一個杯是一件好事。我們談別的吧，這個話題我再沒有甚麼話要說。

公　公：但我有。

索爾葦：好吧。

公　公：首先，飲同一個杯並非怪事，因為當一羣人一起做了一件事，他們通常就會這樣做。第二，彼此感染對方的細菌是成為一家人的組成部分之一。

索爾葦：是的。

公　公：當你傷風了，媽媽也會傷風，是嗎？

索爾葦：是，或者當媽媽傷風了，我就會傷風。

公　公：第三，感染到別人細菌的機會很微。事實上已經有人研究，在教會裏人們到底是不是比其他人更容易彼此傳染。

索爾葦：有一天我在教會，早上還覺得好好的，那日領完聖餐後，我就嘔吐。

公　公：你要是從聖餐杯染病的話，應該要一天半或者再晚一點才發病。

索爾葦：這正是為甚麼我想知道細菌之類的事情，因為事件在同一天發生實在有點古怪。

公　公：聖餐杯通常是用銀和黃金造的，酒和金屬接觸後會產生作用，把細菌殺死。那不是説你就不會感染，但那是不大可能。

索爾葦：是不大可能呢。還有一件事，我覺得他們的聖餐酒總是太甜了一點。

公　公：我也覺得是。

索爾葦：酒不該是甜的。

公　公：不該。我同意，聖餐酒應該用最好的酒。

索爾葦：就是啊！應該是有酸澀味的。而且應該不是那種味道一般的酒，耶穌的血應該令人更興奮一點的。

公　公：就像真正的好酒。

索爾葦：是呀。

公　公：正是。

索爾葦：我愛喝真正的好酒！

公　公：哎……是。

索爾葦：我想這個話題就談到這裏吧，因為現在這已經不重要了。

公　公：我倒認為十分重要。讓我告訴你另一件我認為重要的事。某些教會的聖餐——通常吧，不管怎樣——用真的餅。中東地區的皮塔餅（pita bread）或者類似的餅。我想這比未發酵的小圓片更好。

索爾葦：肯定是。我不喜歡那些小東西。

公　公：它們不大像餅；一放入口中就溶掉了。

索爾葦：但有人喜歡嚐那種味道，所以他們才用那小東西。大教堂在復活節就曾用它，但味道卻不大好。不過，那本來就不該是好味道的。

公　公：**我**認為應該是好味道的。為甚麼不該？

索爾葦：喔……它該是好味道的，因為它該是讓人喜愛的——讓人完全不可輕視聖餐。教會希望教友吃聖餅和喝聖杯。你不會希望人們對聖餐敬而遠之。

公　公：情況就有點像洗禮一樣，只往嬰孩的身上灑一點點水。

索爾葦：是。

公　公：那不是真正把嬰孩洗乾淨吧？

索爾葦：不是。

古怪的監督[5]

索爾葦：我想我們是在夏天行堅振禮的，那個主禮的人真是個怪監督，他不是真正的監督——就算他是，他也真夠笨的。他行堅振禮的形式怪怪的，我和爸爸媽媽都不大喜歡。他對每個人說了不同的話。

公　公：我想婆婆和我當時都在場。

索爾葦：你們在嗎？

公　公：在。

索爾葦：嗯，他對每個人說了不同的話……

公　公：因為他不認識那些人，所以，其實他並不是真的有不同的話要說；他只是瞎扯。

索爾葦：他就像從來沒替人行過堅振禮似的。

公　公：你想為甚麼他會這樣做呢？我也覺得他做得很

5　譯者按：原文 A Weird Bishop，索爾葦和公公屬信義會，bishop 在華語地區的信義會被稱為監督。

笨，但為甚麼他要這樣做？

索爾葦：可能他認為上帝看我們全部人都是極美極妙的，他希望顯出我們的光彩，所以就對每一參與者說了不同的話。但他若果真想顯出我們的光彩……既然我們都是一家人，他就應該對每個人說同一番話。

洗禮和聖靈

索爾葦：你提一個話題吧。

公　公：讓我們再談談聖餐。

索爾葦：好吧。為甚麼我們不談洗禮呢？談洗禮更有趣。

公　公：你認為是嗎？為甚麼？

索爾葦：喔，我認為聖餐只是一個簡單的行動；洗禮卻有更多道理。

公　公：甚麼道理？

索爾葦：好像為甚麼洗禮成為洗禮。

公　公：其中的道理是甚麼？

索爾葦：我想公公告訴我。

公　公：把一個人洗乾淨，這個道理很明顯吧，不是嗎？

索爾葦：是……洗乾淨甚麼？

公　公：重點就在這裏。

索爾葦：洗乾淨罪惡。

公　公：洗乾淨罪惡或者洗乾淨任何你想洗乾淨的東西。嚴格地説，水的功用就是清除污垢，這就讓水成為一種明顯象徵，可以除去任何讓人感到骯髒的東西。當我們做了不該做的事，我們就感到有點骯髒。

索爾葦：是。

公　公：許多宗教都用水和洗來象徵重頭開始，除掉一切舊污，變成乾淨。

索爾葦：這是猶太人慶祝贖罪日的形式。

公　公：好了，在耶穌的時代，不同派別的猶太人發展了不同形式的宗教潔淨禮。其中一羣以名叫施洗約翰的人為首，記得他嗎？

索爾葦：記得——這是儀式被稱為洗禮的原因。

公　公：洗的英文字 *baptize* 正是希臘文的「洗」，所以為人施洗是指把他們洗乾淨。施洗約翰出去曠野叫人悔改，也就是叫人改過自新，除去他們的舊污，重新做人。作為這樣做的一種形式，他叫他們去約旦河受洗。耶穌也去受洗。

索爾葦：是的。當然，耶穌並沒有甚麼真要被洗乾淨的地方。

公　公：人們一直不明白為甚麼祂要受洗。

索爾葦：可能祂想鼓勵別人也照樣做？而且……我們不知道，或者祂想給施洗約翰祝福？

公　公：你還可以想到甚麼理由嗎？

索爾葦：如果你給我兩分鐘，我肯定想得到。

公　公：好吧，給你兩分鐘。（暫停）

索爾葦：可能祂從來沒見過施洗約翰。

公　公：祂不去受洗也該可以見到施洗約翰。

索爾葦：可能祂想重新做人，即使祂之前已經做得極好。可能祂只不過想重新來過，重新再做一些他以前沒有做過的事，即使祂之前已經做得極好。

公　公：說得好。你記得耶穌受洗時發生甚麼事嗎？

索爾葦：甚麼事？

公　公：祂剛受了洗，還站在水深到膝蓋的河中，就看到天開了的異象，祂聽到父上帝說：「這是我的愛子，你們要聽他。」祂看到象徵聖靈的鴿子與祂和父上帝一起。這事以後，祂立刻開始傳道、教訓人和醫治人。因此洗禮實際上是一種結束舊生活，開始新生活的方式，盡管之前的生活已經極好。

索爾葦：好了。另外一個問題：甚麼是聖靈？因為你說父、子、聖靈，聖靈到底是甚麼？

公　公：我們說某人朝氣勃勃（spirited）……

索爾葦：是指他們很快樂。他們對一切事情都不會感到悶悶不樂或者沒有趣味——像《魔幻收費亭》的故事。[6]

公　公：對。所以任何有朝氣的人……

索爾葦：都有靈。

公　公：你不認為上帝比誰都更有朝氣嗎？

索爾葦：當你在街上絆倒而祂說：「這個老教授又絆倒了」時，我肯定祂同意你這個說法。

公　公：上帝的靈，聖靈，就是上帝的朝氣。當我們說某人有朝氣，並不是指他們憑自己蹦啊跳啊的，而是指他們對別人有感染力，對嗎？

索爾葦：對。「求求你來這兒吧！真好啊，一同慶祝吧！」

6　譯者按：*Phantom Tollbooth*《魔幻收費亭》，六十年代英語漫畫，講述悶小子米路（Milo）在駕車經過一個奇幻的公路收費亭之後的歷奇故事。

公　公：你在描述一隊有朝氣的體育隊。

索爾葦：是。他們同飲一個杯時這樣説。

公　公：對了！要是一隊體育隊沒有合拍的精神，他們比賽時就不會感到好玩了，他們也不會有很好的表現。橄欖球賽負責四分衛的球員，要預計到接球的隊友會跑到哪裏；他們之間要有默契，有合拍的精神，有共同的目標。

索爾葦：所以我們要有一個共同的快樂目標。

公　公：就是啊。因此聖靈就是上帝的朝氣。好了，還有一點，這一點是複雜的。若**我**是個有朝氣的人，我的朝氣本身並不是位格。

索爾葦：不是。你的**朝氣**是靈。

公　公：但上帝的朝氣卻同時是上帝的全部。

索爾葦：對。而……

公　公：上帝的全部構成三個位格，有耶穌、父、還有……

索爾葦：祂們的朝氣。父、子、聖靈。

公　公：這樣解釋對你有幫助嗎？

索爾葦：有。

重新排列三一上帝

索爾葦：當你說父、子、聖靈，你認為靈該在中間嗎？

公　公：甚麼？

索爾葦：父、聖靈、子。耶穌比聖靈更重要，但因為父和子都有靈，靈豈不是應該排在中間嗎？聖靈就好像祂們的愛一樣，幹麼要祂排在耶穌後面呢？祂不是應該在中間嗎？

公　公：我的想法跟你一樣。

索爾葦：父、聖靈、子，唸起來當然不順口，但要是你從小就說父、聖靈、子，這就比父、子、聖靈更順口了。這樣說有點道理。

公　公：你當然可以說父、聖靈、子。同一道理，你也可以說聖靈、子、父。

索爾葦：就是啊。但我還是認為靈該在祂們中間，就像心臟一樣。一張描繪二人相愛的圖畫裏，心是放在兩人中間的。聖靈就是這樣──心和愛。

公　公：說得好。我們在這一點上意見一致。

索爾葦：是。我希望我們意見一致。

公　公：你認為我們為甚麼要換一個說法呢？

索爾葦：問得好。因為在自己身上劃十字架時，父子靈不是跟父靈子一樣那麼好。

公　公：我不認為那會有甚麼分別。

索爾葦：我想不會有分別。但要是人們以為每個人都有聖靈了，於是他們就不想把聖靈放在父和耶穌中間了，那怎麼辦？是因為我們都分享聖靈嗎？

公　公：我認為那是原因**之一**。使徒信經的第一條是父，第二條是子，第三條是靈。第三條是「我信聖靈」；第一條是「我信上帝，全能的父」；第二條是「我信耶穌基督，上帝獨生的子」。

索爾葦：使徒信經是按照父、子、聖靈的次序寫的。不過，也許因為父和子比聖靈更重要……但這說不通，因為若不是因為有聖靈，耶穌就不會那麼仁慈和美好了。這和重要性無關，因為，聖靈其實比上帝或耶穌都更重要。

公　公：從一個角度說……

索爾葦：喔，或者聖靈不比上帝更重要，因為要是沒有上帝或者耶穌，就不會有聖靈了。

公　公：你打斷了我想說的話。

索爾葦：好啦……我也有個想法。上帝和祂的聖靈一同為馬利亞帶來耶穌。要是上帝沒有聖靈，耶穌就不會出生了。這也許就解釋了為甚麼人們把耶穌排在上帝和聖靈中間，因為耶穌是從上帝和聖靈生的——當然還有藉著馬利亞，可惜馬利亞沒有排在裏面。你繼續說。

公　公：我？

索爾葦：是。

公　公：輪到我了。喔……注意……一切都是從父上帝開始的，對不對？

索爾葦：對。

公　公：所以我們先稱呼祂。然後我們說靈是上帝的朝氣。當我們說某人有朝氣，我們是指他們正在期待一些他們感興趣的事情。有朝氣就是把注意力放在將來。所以，聖靈上帝就是上帝自己所期待的將來。

索爾葦：這是為甚麼祂排在後面嗎？那祂為甚麼要期待呢？祂是不是為了要了解周圍的怪人？

公　公：你是指像你和我這些人嗎？

索爾葦：尤其是你。

公　公：老實說，我不覺得我比你更古怪。我正正經經的坐著，你卻在那裏捲起來活像隻青蛙之類的東西。（笑）

索爾葦：是啊，但你在街上絆倒。如果上帝期待去取笑別人的話，我就不覺得是很有朝氣的事了。我不認為祂很有朝氣去**期待**甚麼事情。

公　公：我想你把上帝想像成彷彿祂甚麼都知道似的。

索爾葦：祂**的確是**甚麼都知道。

公　公：嗯，這種說法有點不對……

索爾葦：甚麼都知道不一定是壞事。

上帝的眷顧

索爾葦：我肯定我們想到的，祂都知道。我肯定早在一二〇〇年，祂就知道會有電力。在有算術出現之前，我肯定祂已經知道有微積分。

公　公：要是我這樣說你又認為怎樣：不用懷疑，上帝在一二〇〇年就知道會有電力，而上帝也知道有一天人們會發現它。

索爾葦：對。但祂不知道人們甚麼時候才發現它。

公　公：我肯定祂也知道。但至於人會在甚麼時候發現它，祂留給人自己去做。

索爾葦：祂這樣做是聰明的。祂這樣做很聰明。

公　公：為甚麼？

索爾葦：喔……祂知道人不希望光是被擺布。祂知道要是祂讓人自己去發現，他們就可以用自己奇怪的方法去領會。如果祂甚麼事情都照著自己的方法去做，祂就永遠不會感到有趣了。

公　公：你完全說對了。不光是人類的事，所有地球上的事、銀河系、星星、動物、黑洞，還有你在學校學到的一切令人興奮的東西，上帝都因為這些東西而興奮。要是祂不感興趣，祂是不會造那些東西的。

索爾葦：你想上帝分享你的興奮嗎？當你在書中讀到一段出色的文章、或者你得到一直想要的東西、或者你看到別人得到甚麼，你想祂會分享你的興奮嗎？

公　公：祂會。我想祂比我更興奮。

索爾葦：為甚麼？

公　公：因為祂才知道正在發生甚麼事情……而我……

索爾葦：也因為祂知道你興奮，所以祂快樂。嗯，耶穌就更加是這樣了。與上帝比起來，耶穌是個更親切的人。

公　公：嗨，你好了吧！

索爾葦：甚麼呢？

公　公：為甚麼你這樣說？

索爾葦：因為上帝創造一切。但我卻真的不認為祂創造了幹壞事的人——這一點與我們之前曾經談過的有關。祂沒有把一切東西都創造成可怕的；祂只是創造了混亂，祂沒有造可怕的東西。是因為人們有可怕的想法，於是他們想出可怕的事情來。

公　公：我們很難理解為甚麼現今存在的事物都是被造的。

索爾葦：是啊。上帝為了祂自己感到興奮，於是造了我們，但我認為還有更深的原因，一個我們永不會知道的原因。不是因為祂想有樂趣。我想祂希望有一些祂不會有的東西——一些我們幾乎永遠不會知道是甚麼的東西。你說呢？

公　公：我想我們知道那東西是甚麼。我認為那就是耶穌。

索爾葦：我們可能知道那東西是甚麼吧，但我們並不知道我們知道那東西是甚麼，要是你明白我的意思。就好像你生日時你媽媽說：「寶寶，你不是想要**生命之旅**這個遊戲嗎？」於是你聽過你喜歡的東西是甚麼，你聽到生日時你會有甚麼禮物，但你並不完全知道你將會得到的是甚麼東西。

公　公：你說的正是。我們聽說我們一生會得到的，就是耶穌。

索爾葦：你認為這就是上帝造我們的原因嗎？就是因為耶穌？

公　公：是。

彌賽亞

索爾葦：好了。現在我想談別的東西。我想談一談大衛。

公　公：大衛？以色列王大衛嗎？是轉話題了。

索爾葦：是的，完全轉個話題，因為談耶穌是怎麼出生，令我想起一個人，他去跟大衛說，有個奇妙的人要來，大衛會是這人的曾、曾、曾祖父，這人是上帝的兒子。

公　公：我不知道有人曾跟大衛這樣說。

索爾葦：有。

公　公：撒母耳跟大衛說，他將要作以色列的王。當大衛作以色列王之後，先知告訴他，他的後裔將永遠有人坐以色列的王位。

索爾葦：對。但有次爸爸講這故事時，說大衛作王之前，有人說他的後裔將會是上帝的兒子。

公　公：我假設你可以這樣讀那故事。說下去。

索爾葦：我的問題是：在我們認識耶穌之前，耶穌是怎樣的呢？如果那已是祂第二次來到世界，那又會怎樣？如果祂老早就已經出生了，那又如何？到了世界末日時祂又再出生一次，又會如何？我倒不認為上帝真會讓世界發生兩次末日，不然死了的人就一點都不好玩了。

公　公：我想你最後的一句說得對。基督徒和猶太人沒有人輪迴再生的觀念，因為我們認為每個人現在所有的生命就是最重要的，不須重複再活一次來顯示它的重要性。不同的宗教在這一點有很大分別。例如，佛教徒就相信佛祖不斷在世上顯現。

索爾葦：這是我覺得有點怪的地方：要是上帝因為耶穌而創造了世界，為甚麼祂在創造了世界幾百萬年之後才造耶穌？

公　公：為了給時間讓別的人出現。

索爾葦：要是由祂來決定祂喜歡誰出現，或者誰不出現呢？

公　公：假設耶穌出現了，而世上只有祂一個人。

索爾葦：對耶穌或者上帝就沒有多大樂趣了。

公　公：就是啊，一點意思都沒有。

索爾葦：沒有。所以我想說……如果耶穌在創造那年之後才出生，那又怎樣？或者祂就在創造的那一年出生呢？如果祂是亞當和夏娃的兒子呢？如果亞當和夏娃的故事不是神話呢？

公　公：亞當和夏的故事有幾分神話意味，我們待會兒才談那個。注意，類似的問題有很多。要是耶穌現在就來，人們就會問：為甚麼上帝不再等一會兒？

索爾葦：他們本來就甚麼都不知道。

公　公：事情在甚麼時候發生，就是在那個時候發生。為甚麼上帝揀選猶太人？為甚麼不是埃及人？因為祂就是選了猶太人。為甚麼是馬利亞而不是撒拉？因為祂就是選了馬利亞。事情怎樣發生，就是那樣發生，你只能這樣說。

索爾葦：對。

時光機

索爾葦：我有一個問題：你認為時光機是怎樣出現的？人們已經有製造時光機的這個聰明念頭了，只不過一直造不成而已，你認為是這樣嗎？或者……

公　公：這不是神學問題；我們應該談神學。

索爾葦：嗯……我知道。我只是……

公　公：首先，從來就沒有時光機。

索爾葦：對。人們愛聽從未發生過的各樣事情。我們怎樣知道呢？因為這正是我們剛才一直在談的。上帝知道一切，但我們不是。那麼我們怎麼知道時光機就不會出現呢？或者我們可以說：「噢，我不信大笨象會飛起來。」

公　公：大笨象**是**永遠都不會飛起來的。要是大笨象會長出翅膀和飛起來，牠們就不是大笨象了。

索爾葦：牠們就叫做大翼象了！

公　公：或者其他別的名字。好了，從來就沒有甚麼時光機……

索爾葦：人們愛聽故事。

公　公：也許有時光機……

索爾葦：對。我們不知道將來會發生甚麼事；只有上帝知道。

公　公：今天有一段新聞，是關於超時空旅行的可能性。

索爾葦：真的？新聞說甚麼？

公　公：根據相對論的基本原理，時間和空間可能會因為物質變異而形成類似時光隧道的東西，因此你可以進入那隧道的其中一端，在將來或者之後幾千年的另一端出來。

索爾葦：但像回到兩年前那樣呢？可以嗎？

公　公：公公不知道。

索爾葦：如果可以的話就好玩了。我想所有和平示威者都會喜歡。

公　公：我想那將會是一場災難。

索爾葦：因為所有人都會想改變一切。

公　公：這是個矛盾：假如你回到過去，向你自己的婆婆開槍怎麼辦？

索爾葦：你連她是不是你的婆婆都不知道。

公　公：那麼你就永遠不會出生，要是你從來沒有出生過，你就不會跑到過去和開槍射你的婆婆了。

索爾葦：對，接著你也不能再這樣做了。

公　公：這就叫做矛盾。所以理論上，超時空旅行也許存在，但有理由相信它不會出現。

關於違反事實的假定和不守規則

索爾葦：總之，我不再想要時光機了。

公　公：公公也不想要。

索爾葦：我覺得談一談時光機比實際上有時光機更有趣。要是獨角獸真的存在，談獨角獸就沒有趣味了。

公　公：你是說有些事物之所以令人感興趣，是因為它們不可能發生。

索爾葦：是。如果凡事都會發生，幹麼還要講故事？甚至幹麼要生活？幹麼還要不斷有人出生？如果甚麼事都有可能發生，世界上有兩個人就夠了，如果你明白我的意思。

公　公：我不肯定我明白你的意思，不過我在猜。

索爾葦：要是甚麼事都有可能發生，就不好玩了，而你也不會知道……

公　公：從這一點推論出來的教訓就是說，必須要有規則來規定甚麼事情是不可作的。要是沒有這些規則，就沒有甚麼事情是好玩的了。

索爾葦：這讓我想起一本書，書中有個女孩叫露比．荷利。我沒有那本書，但我有聲帶。

公　公：我覺得你在逃避我的教訓。

索爾葦：我沒有，我只是說，在她長大的地方，所有事情都有規則，但這些規則卻不是為了好的理由而設。人們對規則感到厭惡和厭倦，這就引致他們犯規。所以在某些方面，規則是可怕的，要視乎**甚麼**規則，規則可以使你**甚麼事**都不想幹。

公　公：但另一方面，就算你犯規，規則的存在讓你可以觸犯規則，因而令生活更有趣味。要是從來沒有人不許你從樓梯的扶欄上滑下來，滑樓梯就不會好玩了。

索爾葦：這我知道。但重點是：在某些情況下，有規則就不好玩。要是有一條規則說永遠不准看書，那不就是一條笨規則嗎？

公　公：那要看你腦袋裏想的是甚麼書。

索爾葦：《瑪蒂爾達》。[7]

公　公：你在想著一本名叫《瑪蒂爾達》的書中的一個角色嗎？

索爾葦：是的。

公　公：為甚麼有人會設下不准看書的規則？

7　譯者按：英文小說 *Matilda*，講述喜愛閱讀的資優女孩 Matilda 的故事。

索爾葦：書中她的父母愛看電視。

公　公：這是一本很現代的書。

索爾葦：是的，作者是朗達（Roald Dahl）。她的父母就只會看電視，連一根胡蘿蔔也不給孩子吃，也不准她去圖書館看書，他們寧願看爛電視節目也不准她看書。

公　公：這和父母親一般的做法有點相反。許多時候他們想兒女看書而不是看電視，對嗎？

索爾葦：對。我的想法與規則有關。問題不是因為有規則，而是瑪蒂爾達就是不想看電視。

公　公：索爾葦，你要知道，我想這個題目我們已經談夠了。你有沒有另一個話題想談呢？還是我們今天就談到這裏？

索爾葦：嗯，我想我們應該繼續，讓我們談下去。

釘十字架

公　公：你想談甚麼？

索爾葦：我想談釘十字架。

公　公：你想公公隨便談一下釘十字架，還是……

索爾葦：是的，我會中間插入，然後問問題。

公　公：嗯。就像人們所說的那樣，耶穌被釘十字架，是因為祂認為自己是上帝的兒子。

索爾葦：唔，是的，祂是因為這個原因被釘十字架的。我肯定要是由祂自己做選擇，祂會拒絕被釘，可是……

公　公：不對。那不正確。

索爾葦：當然啦，祂是為我們被釘的，但若是由祂來選擇，祂會為我們作一些不至於讓自己死去的事情。

公　公：這樣說也許亦是不對。記得祂被釘前的晚上嗎？祂在園內禱告。祂和門徒吃過最後的晚餐後，就獨個兒離開了。

索爾葦：你怎麼知道祂這樣做？

公　公：福音書這樣講。

索爾葦：對，但耶穌沒有寫過福音書。

公　公：耶穌沒有，但祂的門徒有。

索爾葦：對──馬太、馬可、路加、約翰。等等……不，說下去。

公　公：耶穌禱告說：「父啊，倘若可行，求你叫這杯離開我。」但接著祂又說：「然而，不要照我的意思，只要照你的意思。」你留心，耶穌所看為要緊的，不是祂自己的生命，而是遵行祂稱為父的上帝的旨意。

索爾葦：我想我們不久之前已經談過這一點了。當你聽到祂說：「你去做這個、做那個來記念**我**」，有人多少會認為耶穌有點驕傲。

公　公：那怎麼了呢？

索爾葦：嗯，當祂對上帝說：「只要照**你**的意思」時，你要是沒有了解得更為清楚的話，你可能會以為祂在說「我父啊……」時，只不過是在向上帝炫耀自己。要不是你了解得更為清楚的話，很可能你會這樣想。

公　公：但你了解得更為清楚。

索爾葦：對。

公　公：重點是，耶穌經常說，祂被差來的原因就是要為我們死。祂從開始就很清楚這一點。好了，你認為為甚麼是這樣呢？

索爾葦：上帝希望耶穌向所有人顯出上帝自己。即使上帝知道摩西可以讓眾人知道祂，祂還是希望由耶穌來當祂的使者。

公　公：那為甚麼會牽涉到耶穌的死呢？

索爾葦：因為若你要跟上帝有真正的交通，你就一定要遇見祂，而不是光整天坐著向祂禱告。又或者……你禱告時確實是在和祂交通，但你並沒有真正向祂說話的時候；大部分時間祂都不是在談跟你有關的事。也許你以為祂是在談跟你有關的事，其實那只不過是你以為而已。不過，當你真正面對面見到耶穌時，祂就可以對你說出詳情，所以祂要耶穌來當祂的使者。

公　公：對。但為甚麼這就解釋了耶穌必須要死呢？這是為甚麼我們開始談這個題目，記得嗎？

索爾葦：因為上帝想耶穌去……除非人去了天堂，就是說人死了之後，否則就不能和上帝說話了。

公　公：啊哈！

索爾葦：我只是嘗試解釋。

公　公：好啦。

索爾葦：如果你明白我剛才所說的……繼續。

公　公：嗯，有另一種說法。

索爾葦：是的。

公　公：想一想愛。當你愛某人，你會為他付出自己的生命。我愛索爾葦，但我不能把我全部的生命都給你，不然我就會死去，而這對你並沒有好處。

索爾葦：喂……聽我說，你讓我想到點甚麼。你真的讓我想起《納尼亞傳奇：獅子．女巫．魔衣櫥》（*The Lion, the Witch and the Wardrobe*）來了。你知道這本書吧！有個女巫說：「你正在做一個古怪的決定，因為要是你死了，誰還會阻止我傷害這男孩？」從某方面說，你不認為這本書必定是根據聖經寫的嗎？

公　公：必定是。

上帝的形象

索爾葦：我們談過上帝像甚麼嗎？

公　公：我們好像時不時略略提起過。

索爾葦：是的。你認為祂像甚麼？

公　公：傳統的回答是祂甚麼都不像，上帝是眼看不見的，所以祂沒有面貌。不過有另一個回答。

索爾葦：是甚麼？

公　公：祂像耶穌，因為耶穌是……

索爾葦：大部分人都認為耶穌就是上帝的形象。

公　公：喔，不是大部分人，只有基督徒這麼認為。

索爾葦：對。

公　公：所以，要是耶穌就是上帝的形象……

索爾葦：那麼，那就是上帝的模樣了。我忘了在甚麼時候聽到的，傳道人說上帝甚麼人都像，所以我們就是上帝的形象。

公　公：我認為這種說法十分笨。

索爾葦：為甚麼？

公　公：因為耶穌有上帝的形象，而我們有耶穌的形象，所以我們有上帝的形象。但倒過來說因為我們像上帝，**所以**上帝像我們，就不對。

索爾葦：我們像上帝才是正確的答案。好。讓我們轉個話題。

公　公：你認為我們這個話題已經談夠了麼？

索爾葦：是的。還有甚麼題目是我們未談過的？因為我們談一個題目，又間中談另一題目。

公　公：這就是我們談每一個題目都離題的原因。

關於基督教的起源

索爾葦：耶穌是猶太人，基督教在祂之後才出現，基督教是怎樣成為宗教的？

公　公：這個問題要一個很長的回答。

索爾葦：嗯，這讓我們一直談下去。

公　公：當耶穌被釘之後，門徒心想：「事情就這樣完了。我們以為祂是彌賽亞，但祂不是。」然後當他們遇到死而復活的耶穌，他們以為要是祂已經從死裏復活——或者説上帝使祂從死裏復活——祂就一定是以色列的真彌賽亞，是上帝的形象——現今所有基督徒論到關於耶穌的一切身分。基督教就是這樣開始的。最初，基督教光指那兒那些相信耶穌的猶太人。你知道耶路撒冷的聖殿嗎？聖殿還在時，那裏是各類猶太人的中心。在耶穌的時代，猶太人的種類跟現在新教信徒的種類一樣多，浸信會信徒、衛理會信徒、信義會信徒、長老會信徒等等。有各種不同的猶太人羣體，把他們聯結在一起的就是聖殿，他們全都在那裏敬拜。

索爾葦：好啦，回到我的問題。到底那麼多的宗教派系是怎樣形成的？

公　公：你是指猶太人的教派嗎？

索爾葦：不，基督教教派。它們之間的分別是甚麼？

公　公：東方教會和西方教會的最大分別是……

索爾葦：我是指浸信會、天主教會等等的教派分別。

公　公：你知道宗教改革嗎？

索爾葦：知道一點點吧。

公　公：十六世紀教會中有神學家認為，教會在很多方面需要改革，教會的教導和實踐已經開始不符合真基督教的本質。神學家這樣提出其實並無不妥，他們應該這樣做。不知何故，教會永遠要改革，而神學家的存在就是要提出改革。只不過恰巧那些改教家要求的改革——尤其是路德（Luther）、加爾文（Calvin）等人……

索爾葦：「改革」一些東西是甚麼意思？

公　公：是打開新局面的意思。只不過恰巧路德等人想要的改變，冒犯了當時教會中有權力的人。

索爾葦：於是他們決定分裂。

公　公：當時教會中有權力的人……

索爾葦：等一等。他們大部分都是天主教徒。

公　公：那時所有人都看自己是天主教徒。

索爾葦：但沒有人會稱他們為天主教徒，只會稱他們為基督徒。不過現在我們稱他們為天主教徒。

公　公：當時的教皇利奧十世（Leo the 10th）開始要路德和其他人閉嘴，迫他們停止要求改革。

索爾葦：哪是甚麼時代？

公　公：十六世紀。

索爾葦：是在中世紀剛結束之後。

公　公：事情在一五一七至一五一八年正式爆發。

索爾葦：是不是也是亨利八世（Henry the 8th）的時候？他想離婚，但教會不准。他本來想和妻子分開，但教會不准他這樣做，於是他決定要成立自己的宗教。這不就是反建制嗎？

公　公：他不是決定要成立自己的宗教。亨利只不過決定英國教會從此不再聽命於教皇。但除此之外，亨利不想再改甚麼。

索爾葦：這不是「反政教分離」（Antidisestablishmentarianism）的意思嗎？

公　公：不是。

索爾葦：那「反政教分離」是指甚麼？

公　公：「政教合一」（Establishmentarianism）是指希望維持已建立的制度。

索爾葦：是。

公　公：「政教分離」（Disestablishmentarianism）是指希望廢除**一切**已建立的制度，是嗎？

索爾葦：是。（笑）

公　公：「反政教分離」就是對那些支持政教分離的人提出的反對。

索爾葦：（大笑）

公　公：只要你想，你可以不斷在「政教」兩字的前後加上詞頭詞尾。但這不是我們要談的。亨利不是很想改變教會。他只不過想由自己而不是教皇來管理教會。他封自己而不是教皇來當英國教會的頭頭。

索爾葦：他可以這樣做。但那不是好事。

公　公：我也認為不是好事。

索爾葦：嗯，那本來可以是好事，不然……

公　公：在英國，最初本來只是一件政治事件。亨利想作教會的頭頭，讓自己可以和妻子分開。

索爾葦：對。但他是皇帝，教皇不是一定要聽從他的嗎？

公　公：理論上，就這件事教皇不需要。但實際上因為他是皇帝，他就這麼做了。

索爾葦：對。不過那只是發生在英國而已。好像《威尼斯的女兒》（*The Daughter of Venice*）書中的女孩是在威尼斯長大，那裏就還有教皇。

公　公：甚麼時候？

索爾葦：十六世紀，或許是一六〇〇年代，當時還有教皇。

公　公：現在還有教皇。

索爾葦：我知道……但如果她是住在英國的話，教皇就不會被視為是教會的領袖了。

公　公：他也不會被視為是領導當時德國、挪威、瑞典、丹麥的教會。讓我把接下來發生的事講完。

索爾葦：好的。

公　公：教皇利奧十世告訴那些像路德等建議改革教會的人，他們必須停止。困難在於人們十分贊同路德所說的，許多人反而不再聽教皇的話。你明白事情可以往隨便一方發展嗎？

索爾葦：我覺得很混亂啊！路德反對亨利八世……

公　公：是。他們意外地差不多在同一時間反對教皇。

索爾葦：明白了。路德並不真的想反對教皇，是嗎？

公　公：他反對教皇是基於不同的理由。

索爾葦：路德想改革教會。

公　公：只作有限度的改革。你想公公告訴你是改革哪些地方嗎？

索爾葦：想。

公　公：路德認為，教會從中世紀就開始做的某些事情，像他們所謂的贖罪券制度……

索爾葦：你指甚麼？

公　公：待會兒我再解釋。路德認為應該停止贖罪券制度，因為這制度讓人覺得，上帝是按我們做甚麼而不是由於耶穌的工作而愛我們。你看這裏顯然有兩個選擇。為甚麼上帝愛我們？是因為我們很好人嗎？

索爾葦：喔，「很好人」不算是形容詞。

公　公：那就說好人吧。因為我們是好人，還是因為基督為我們所作的？

索爾葦：兩個都不是。是因為祂愛我們。

公　公：從一方面說是對的。

索爾葦：祂愛我們；祂創造我們，又想我們作祂的伴兒。或者我們是這樣想；我們並不真正知道是不是這樣。

公　公：我想我們確實知道是這樣。

索爾葦：我們並不真知道。在我們死之前，我們不會知道。

公　公：如果上帝不是真的這樣待我們，就算你死了之後你也不會知道，因為你甚麼事情都不會知道。

索爾葦：對。你完全只會感到混亂。

公　公：你甚至不會感到混亂；你就是不會。好了，基督教信仰所講的是，基督……你説的有幾分對，上帝愛我們，因為祂愛我們。但基督所作的卻是祂為了愛我們而作的。

索爾葦：祂把基督給了我們，讓……等等！可是基督不是上帝愛我們的原因。

公　公：答案是「是」也是「不是」。説基督是上帝愛我們的原因，原因是基督總是和上帝在一起，所以不管你説上帝是因為基督愛我們，還是上帝因為我們所以愛我們，都是一樣。

索爾葦：可以了。我們剛才在談甚麼？

公　公：贖罪券。

索爾葦：我曉得一件事——為甚麼路德不贊成教會的做法。

公　公：為甚麼？

索爾葦：他一直生活在中世紀，那時候的人不多不少要一生做好人，因為有流口水的怪獸來嚇唬他們。他們該做好人，本來是因為他們是好人，而不是因為害怕自己不是好人。

公　公：你最後的一句說得對。另一方面，路德並不很在意流口水的怪獸；他覺得牠們頂可愛的。

索爾葦：可是牠們完全不是讓人做好人的正確方法。你做好人是因為你本身是好人，不是因為有流口水的怪獸來告訴你要做好人。

公　公：是啦。

贖罪券和之後發生的事

索爾葦：繼續。

公　公：關於贖罪券嗎？

索爾葦：是的。

公　公：這又要一段長時間的討論了，行嗎？

索爾葦：那麼我們得回頭再談關於宗教起源的那個最初的話題。

公　公：讓我們把贖罪券的話題談完。從以前到現在，教會一直有稱為懺悔的聖禮。現在的新教教會沒有多少個舉行這聖禮了。你知道在教會我們是怎樣認自己的罪，傳道人又是怎樣赦免罪吧。中世紀的做法是你每次獨個兒向神父認罪。

索爾葦：他們是大聲懺悔，抑或在那種小房間——即是在教堂的懺悔室中懺悔？

公　公：在小房間中，**也**大聲懺悔。

索爾葦：在懺悔室中，神父在一邊，懺悔的人在另一邊嗎？

公　公：中世紀時其實並沒有那些小房間，但做法一樣。

索爾葦：他們是在特別的房間中懺悔嗎？

公　公：是。懺悔完了，神父就饒恕他們。

索爾葦：希望是這樣吧。神父是不是還會說：「我不會告訴任何人的」？

公　公：儀式沒有這一部分，但他會發誓保證不會告訴別人。現在也是這樣做。別人向我懺悔，我發誓保證永遠不會告訴別人他們說過甚麼。

索爾葦：他們是這樣做的嗎？就是對我你也不會說出來嗎？

公　公：不會，當然不會。

索爾葦：要是有人說：「我想殺人」呢？他們還是不會說出來嗎？

公　公：不會，除非神父認為那人正準備去殺人。如果有人向我懺悔，說他**正在**考慮殺死某人，而我相信他，我就**可以**報警。不過我們已經離題了。先懺悔，之後饒恕，接著神父會說：「好了，為了顯示你真的悔過，你要去做點特別的事。」要是所犯的實在嚴重，也許要去一次朝聖。你知道朝聖是甚麼嗎？

索爾葦：知道。就是到一間接一間的教會去做崇拜。

公　公：如果是懺悔一些十分瑣碎的事⋯⋯

索爾葦：好像甚麼？

公　公：「昨天我讓公公很難受啦」（笑），「我不肯用叉子吃東西啦」（笑）之類。那麼只要多做幾次你平時不會做的禱告。「在睡覺前，你不是只禱告說『求上帝賜福爸爸媽媽等等』，你也要用主禱文禱告。」悔罪的回應可以是大事也可以是小事，這樣做的重點是表示你感到後悔，不打算再犯了。

索爾葦：那麼要向教會付錢嗎？

公　公：我們正要講這個。假設你是要求懺悔的人而我是神父⋯⋯

索爾葦：「神父，請饒恕我。」

公　公：於是我說：「為了表示你真心懺悔，這個禮拜你要來教會聚會兩次。」

索爾葦：不行！（笑）

公　公：而你沒有這樣做。那麼我們是在甚麼境況裏呢？你就是欠了教會的債。

索爾葦：情形有點像如果你向銀行借錢，之後你不還錢。

公　公：那你就欠了他們。

索爾葦：對。

公　公：於是有人想出了一個聰明的法子，讓人用錢償還欠教會的債。我欠下教會的其實是一次朝聖……

索爾葦：但那正是你不想去做的事情。

公　公：於是我要做的就是捐贖罪券，由教會贖我的罪。

索爾葦：我覺得這不是個好主意。

公　公：路德也不覺得是。

索爾葦：整個宗教改革就是這樣開始的。付錢給教會是甚麼道理？他們可以用那些錢，但真的完全沒有理由要這樣做。

公　公：不過路德反對的理由是，這樣給人一個印象……

索爾葦：教會貪錢。

公　公：這也是。

索爾葦：如果只是付錢，情形就像：「好啦，我只會用錢來買愛心。」但你根本不愛人。

公　公：給人的印象是你可以收買上帝的愛。好了，教會從來沒有這個意思，但這樣做確實產生了這種印象。所以路德說：「你得停止販賣贖罪券。」而教皇說：「我們不能停止。」

索爾葦：我不喜歡這個教皇。

公　公：他是個不大好的教皇，事實上沒有一個天主教徒和新教徒認為他好，雖然這個教皇在藝術方面做得**非常**好。

索爾葦：你指甚麼？

公　公：是他促使聖彼得大教堂建成的。

索爾葦：那還可以。

公　公：文藝復興時期的一些偉大作品，都是由他授權製作的。但作為教會的領袖，他真是失敗，不少人都同意這點。

索爾葦：我也同意。

公　公：教皇把路德和他的跟隨者逐出教會，意思是不准他們講關於神學的教導，就是到教會聚會也不可以。

索爾葦：我就不會不讓人家來教會。真是荒謬。

公　公：如果你不想他作聲，你也會這樣做。在那個時候路德已經開始出名。

索爾葦：人們漸漸喜歡他的想法。

公　公：對。又剛剛發明了印刷術……

索爾葦：那麼教皇沒有勒索他嗎？

公　公：沒有。

索爾葦：這樣，他們就不能像他們所作的那樣，用盡方法去收買他了？

公　公：不能。剛發明了印刷術，於是，報紙之類的印刷品第一次出版。全歐洲的報紙印刷商都出版了路德的故事。

索爾葦：那是路德在瓦特堡（Wartburg）之後。

公　公：對。

索爾葦：也許是他留在瓦特堡期間，他造了第一本聖經，也是第一本書。

公　公：喔，那不是第一本聖經，而是第一本德文印刷本聖經。

索爾葦：對。我是說那是第一本**書**。第一本聖經是由修士造的。

公　公：於是各處的人都有了選擇：他們是要聽路德呢，還是教皇呢？在德國的大部分人，還有在其他地方的不少人，包括挪威、瑞典、丹麥、芬蘭、波蘭、意大利北部、西班牙北部，以及法國的一些地區……

索爾葦：他們都支持路德！那麼教皇怎麼辦？

公　公：他把他們驅逐出教會。

索爾葦：他們可以成立自己的教會。另外，他們仍可以在自己的家裏禱告。

公　公：喔，基督徒不這麼做。他們在家中禱告，但首先他們聚集在一起，在聖餐的餅和杯前一同禱告。

索爾葦：是的，但要是必須要的話，你在自己的家中就可以禱告。這樣很好。

公　公：要是你**必須要**的話。

教會分裂

索爾葦：這個教皇可能在藝術方面很聰明，但在改正錯誤方面就不行了。

公　公：可能是。他肯定也是一個十分棒的神學家。問題是，一旦教會像這樣子分裂，不再聽命於教皇的一派內部又不斷分裂。一旦你發現可以分出來，對怎樣改革教會持不同想法的所有人就開始成立新教會。

索爾葦：所以你可以說，所有教會分裂都是由路德開始的。

公　公：或者你可以說是由利奧十世開始的。

索爾葦：對。但我是要說……路德究竟創立了甚麼宗教？我是指基督教的哪一派？

公　公：我們一般稱所有非天主徒為新教徒。最遵循路德教導的一派稱為信義宗。婆婆和我就是信義會信徒。

索爾葦：路德創辦了信義宗；誰創立聖公會？

公　公：亨利八世。我們才剛剛談過。

索爾葦：誰創立浸信會？

公　公：在美國，第一批浸信會信徒是清教徒。你還記得清教徒嗎？你知道美國是怎樣立國的嗎？

索爾葦：知道。

公　公：清教徒為嬰孩施洗，但有些清教徒認為……

索爾葦：他們是怎樣得到浸信會信徒這個名字的？是來自施洗約翰嗎？

公　公：不是。跟施洗約翰無關。有部分清教徒認為，在人們夠成熟為自己做決定之前，不該為他們施洗。就像你爸爸，他在長大之後才受洗；他自己做決定。

索爾葦：雖然他家是猶太人家庭。

公　公：很多人成年之後才受洗。一些清教徒認為，所有人都該這樣做，而在嬰孩時期已經受洗的人，成年後就該再洗一次。

索爾葦：為甚麼要再洗一次？

公　公：因為他們認為，受洗的人在還是嬰孩時不能表達自己，因此那時的受洗不算數。所以他們為這些人再施洗一次。至於他們是怎樣被稱為浸信會信徒，浸信會信徒的英文字 baptist 比重洗派的英文字 anabaptist 少了幾個字母，拉丁文的前綴 *ana-* 指重做一遍。

索爾葦：還有其他教派的信徒呢？

公　公：有歸正教會……他們是一個包括長老會的大派。聽過他們嗎？

索爾葦：華萊士[8] 不就是長老會的嗎？

公　公：是。普林斯頓的許多基督徒都是長老會信徒。

8　華萊士（Wallace）是公公工作的神學研究中心的主任，也是索爾葦喜歡的人。

索爾葦：除了我們之外。

公　公：我有點像一半聖公會一半信義會。索爾葦是聖公會信徒。歸正教會就是長老會、公理會、德國歸正教會、荷蘭歸正教會等等。他們中間有一點是相同的，那就是，另一位偉大的改教家加爾文是他們的神學之父。

索爾葦：我聽過這個名字……貴格會算甚麼？

公　公：貴格會開始時是基督徒。

索爾葦：但他們不信耶穌是上帝的兒子。

公　公：嗯，有部分信，有部分不信。

索爾葦：他們信祂是個好人，但不信祂是上帝的兒子。

公　公：有人信有人不信。有些貴格會信徒是基督徒，有些不是。但你知道為甚麼最初他們被稱為貴格會嗎？

索爾葦：為甚麼？

公　公：因為他們震動。[9] 他們禱告時十分興奮，以至他們會震動。

索爾葦：（笑）天啊！

公　公：所以我們稱他們的英文名字為 Quakers，意指震動的人。自從他們立會之後，他們已經安靜很多了，現在

9　譯者按：震動原文 quaked，貴格會原文 Quaker 由此字引伸出來。

他們可能是附近最安靜的人。

索爾葦：那就好了。

公　公：還有衛理會。這些信徒相信約翰．衛斯理（John Wesley）和查理．衛斯理（Charles Wesley）對新教有最合乎真理的解釋。也有……

索爾葦：好啦。現在我們可以回到最初的話題去了吧。

公　公：那個話題是……噢，我們**的確**已經回到那個話題了，最初的問題是：怎麼會有各種派別的新教徒呢？

再談基督教的起源

索爾葦：那不是最初的問題。我們最初的問題是：基督教是怎樣開始的？

公　公：換一個說法——在耶穌時代的各類猶太人中，只有兩類能夠在沒有聖殿的情況下繼續發展。

索爾葦：而他們是……

公　公：他們是之後被稱為基督徒的人，並且……

索爾葦：因為他們信耶穌，其他猶太人卻認為彌賽亞還沒有來。

公　公：許多類的猶太人在聖殿被毀之後就消失了。能夠在沒有聖殿之下而繼續發展的一類猶太人是法利賽人，記得你聽過他們吧。

索爾葦：我想我聽過。

公　公：法利賽人是那些認為猶太教的核心就是遵照妥拉（Torah），即舊約聖經中關於美好生活訓誨的人。不管往哪兒去，人也可以把舊約帶在身邊。你不需要聖殿也可以這樣做。

索爾葦：許多聖經都包括了舊約，因為我們仍然信舊約，只不過我們信彌賽亞已經來了。

公　公：對。

索爾葦：祂還會再來。

公　公：對。這就是說對於基督徒，基督是信仰的核心；對於法利賽人，妥拉是核心。

索爾葦：法利賽人？

公　公：新約聖經提到他們。耶穌經常和他們爭論，記得嗎？

索爾葦：有點印象……是的。

公　公：法利賽人的觀點是，你可以按照舊約的律法調整你整個人生。所以，正如基督徒可以沒有聖殿而過活，是因為他們有基督，法利賽人可以沒有聖殿而過活，因為他們有舊約。這樣就有兩類猶太教保存下來──信耶穌的猶太人，和跟隨法利賽人的猶太人。我們今天所指的猶太教，就是法利賽式的猶太教。

索爾葦：好啦，讓我們轉個題目吧，因為這個題目我們已經討論夠了。來找個新題目。

──點形而上學

公　公：上帝可以把二加二弄成等於五嗎？

索爾葦：祂不可以，不過……好啦，這是重點：數學在開始時，二加二永遠都是等於四，所以……就像我們先前談過的，上帝讓事情發生，因此祂知道二加二將有可能等於四，只是祂不知道事情會在甚麼時候或怎樣發生。

公　公：有可能還是肯定會？

索爾葦：肯定會。

公　公：好的。

索爾葦：這樣，要是二加二等於四，那麼祂就不可以隨便把它改為二加二等於五了。祂不可以改變想法。或者說，祂可以改變想法，但祂不可以使我們改變祂的想法。

公　公：這是個有趣的神學問題，你為這個問題給了一個非常有趣的答案。你可以稱這是個明智的答案。上帝所知道的就是對的，可以這樣說嗎？

索爾葦：對。

公　公：但是，是因為那是對的所以上帝知道，還是因為上帝知道所以那是對的？

索爾葦：兩個說法都是。

公　公：為甚麼？

索爾葦：二加二等於四是對的，因為上帝知道那是對的；祂知道二加二等於四是對的，因為那是對的。我從反面去說明這道理，因為如果上帝知道那是對的是因為那是對的，祂知道**那**是對的就是因為那**是**對的。但祂也知道那是對的，因為祂知道那是對的。

公　公：好啦，我認為你說的可能是對的，而這就是最明智的回答。

復活與天使

公　公：福音書有兩個關於耶穌復活的故事：有故事説人們在祂被釘之後遇見祂，並承認祂是活著的；也有故事説人們到了祂的墳墓，發現那裏是空的。哪一個故事最重要？

索爾葦：先讓我來講那復活的故事。耶穌被釘十字架，之後祂被葬在祂的墳墓中。接著馬利亞來到祂的墓前禱告，她發現墳墓開了，裏面沒有屍體，只有一位天使説：「祂已經復活了。」於是她回去告訴門徒，説耶穌已經復活，而他們當然不信她啦。喔，他們有點信她吧。然後有些門徒往墳墓去，他們發現墓確實是空的，之後他們回來。**好了**，你問問題吧。

公　公：好了。發現空墓或者遇到復活的耶穌，你想哪一個更重要？

索爾葦：發現空墓。

公　公：為甚麼？

索爾葦：我的答案也許不大切題，不過人生真正的答案總是奇怪的，我這答案也不例外。所以……要是馬利亞沒有發現墳墓是開了的和是空的，門徒就不會為耶穌回來作準備了；他們不會準備好。而我認為耶穌也是原因之一，祂希望確定他們已經作好準備。要是他們沒有發現空墓，並且相信墓是空的，耶穌也許就乾脆留在墓中等候。但是因為他們發現了空墓，所以他們準備好見祂，所以耶穌就可以來。

公　公：我認為恰恰相反。

索爾葦：為甚麼？

公　公：空墓可以是因為有人偷走了屍體……

索爾葦：但是碰到耶穌卻表明祂是活著的。不過這才是重點！天使的部分在復活故事中是最重要的。這部分有點像隱藏在故事裏，除非你完全想起來。天使實在太過、太過重要了，不過這就奇怪了，天使告訴馬利亞——而馬利亞跟天使早已有過很奇特的交通，當然啦，因為天使在耶穌出生之前已經向她顯現……

公　公：你知道那不是同一個馬利亞。

索爾葦：甚麼？

公　公：到墳墓去的馬利亞不是耶穌的母親；那是抹大拉的馬利亞。

索爾葦：等等……我知道、我知道、我知道……喔，抹大拉的馬利亞曾說……

公　公：我希望你是對的，因為那真是一個妙極的想法。

索爾葦：嗯，不管怎樣，天使的確是故事中十分重要的部分。要是馬利亞不是聽到天使說：「他已經復活了。」門徒根本就不會做準備。要不是天使已經告訴了她，他們就不會相信她。從某些方面講，我認為天使是隱藏在聖經中的最重要角色。

公　公：從來都是最重要的？還是只在復活的故事裏？

索爾葦：在聖經大部分的事件中。

公　公：真的？

索爾葦：是。

公　公：在聖經哪裏？甚麼時候？為甚麼？

索爾葦：耶穌的出生，是由天使告訴馬利亞的。如果你光是草草地讀那故事，你會以為馬利亞是故事裏最重要的部分，但其實不是。要不是天使告訴她，她就不會知道耶穌就是上帝的兒子。要不是天使在那裏，抹大拉的馬利亞可能也不會信。還有很多故事，當中天使都是很重要的。

天使、聖靈和我們的想法

公　公：你認為天使是甚麼？

索爾葦：你想知道**我**的想法？

公　公：這正是我的問題。

索爾葦：嗯，人們一般認為天使是已死去的好人。

公　公：聖經完全不是這樣說。

索爾葦：聖經不是這麼說。是**人們**這麼說。天使是上帝的呈現，但也是人心裏面的良善。他們是聖靈。他們把人良善的一面發揮出來，就是上帝在人心裏創造的所有美好的東西。你可能是個惹人討厭的人，但天使能把你心裏的良善發揮出來。

公　公：在聖經中，天使和聖靈是兩個不同的東西。

索爾葦：可是天使是很重要的。（歎一大口氣）你就是不明白。

公　公：我認為我明白，我甚至同意你說天使在聖經中的重要性。但他們不是聖靈。

索爾葦：不，我不是說他們就是聖靈。天使也許不是聖靈，但他們把人心裏的良善發揮出來。他們的確這樣做，因為他們是使你相信的原因。他們或許不是聖靈……但他們是聖靈的**形象**。人看不見聖靈；在某些方面講，天使就是聖靈的使者。

公　公：你知道天使這個詞的意思嗎？

索爾葦：不知道。

公　公：是使者的意思。

索爾葦：上帝的使者和聖靈的使者……瞧，兩個說法都對。

公　公：使者的希伯來文是 *melech*，希臘文是 *angelos*；兩個都是使者的意思。

索爾葦：那真好。所以從某方面講，我是對的。

公　公：他們是上帝的使者。要是你想說他們是聖靈的使者，我認為也可以。

索爾葦：因為聖靈沒有形狀或身體；聖靈是個靈。我剛想到一點——真是十分奇怪。

公　公：是甚麼？

索爾葦：死去的人——他們或許是死了，但那不表示他們沒有感覺。在某方面，可能聖靈取去了他們的知覺，但又讓他們保留他們自己的感覺，聖靈就以這些別人的感覺去幫助他人。你明白我的意思嗎？

公　公：不太明白。不過我可以修改一下你所說的話，讓你所說的變得合理，看那是不是你的意思。

索爾葦：好。

公　公：禮拜日崇拜時我們所唸的信經，在第三條裏，我們先說「我信聖靈」，這一句之後我們才接著說一連串東西。

索爾葦：當然。重點就在這裏。要不是因為聖靈我們就不會信上帝。有道理嗎？

公　公：有道理。

索爾葦：若不是因為聖靈我們就不會信上帝。聖靈賜給我們情緒、感覺、感官——嗅覺、視覺、味覺……

公　公：是聖靈賜給我們肉體的官能嗎？

索爾葦：是。

公　公：你認為是嗎？

索爾葦：比方說我們的腦袋。聖靈不單止賜我們心靈的感受，還賜我們腦袋的感受。那些感受幫助我們有視覺、味覺、嗅覺、聽覺——還有一個是甚麼？

公　公：觸覺。

索爾葦：對。因為是我們的腦袋給我們那些感覺的，而聖靈是把腦袋賜給我們的那一位。

公　公：但你曾跟我說，你的數學和閱讀能力都不是歸功給……

索爾葦：不是。重點在這裏：不要把這些能力歸功給**宗教**，但聖靈不是宗教。換句話說，說聖靈是宗教的意思是指人人都有份分享祂。任何人和任何宗教都可以分享聖靈，因為聖靈是個靈。

公　公：你所說的跟你之前對洗禮的觀點有矛盾。

索爾葦：你的意思是甚麼？

公　公：我曾經問你受洗時有甚麼事發生，你說有聖靈充滿。

索爾葦：是……

公　公：唔，要是一早已經有聖靈，那就講不通了。

索爾葦：好啦。人是沒有聖靈的。從某些方面說，人要……每個人在出生時都有聖靈，而聖靈把一種在出生時我們所沒有的感覺賜給我們。

公　公：祂改變我們的感覺嗎？

索爾葦：對。在你出生之後，你可能想要——當然啦，除了「我想要奶奶」或者「媽媽過來」之類的東西之外，你並不想要甚麼。你在受洗前可能會想：「我喜歡那人」，但有了聖靈之後，你會以更加感性和有趣的方式來思考這件事情。

公　公：我贊同這個說法。

索爾葦：猶太人和其他宗教都有聖靈。

公　公：我不認為這**完全**正確。

索爾葦：從某種意義上說，他們有聖靈，但在他們受洗之前，他們有聖靈的程度不強烈。

公　公：讓我們這樣說：聖靈在各處**運行**，可是說其他宗教都**有**聖靈卻是有點不同。

索爾葦：對。聖靈在各處運行，但要是你沒有祂，你就得做些事情。重點就在這裏——猶太人因為也信上帝，所以他們有聖靈。所有宗教都不是信不一樣的東西的，懂嗎？

公　公：我懂。我想基本上你的想法是對的，但它們有點……

索爾葦：跟我之前說過的混淆起來。是的，我知道。不管怎樣，還有甚麼？

大衛與所羅門

公　公：你要講一下大衛王的故事嗎？

索爾葦：好。大衛王是個牧羊人，他有很多哥哥。他年輕時不像他的哥哥。他們都是強壯有力的人，他父親愛他的哥哥，但連這份愛的一半都沒有給大衛，因為大衛沒有他哥哥那麼強壯。然後一天，有個先知來到。

公　公：你記得那先知的名字嗎？

索爾葦：撒母耳。大衛在外邊牧羊，先知來到，要見所有的兒子。於是除了大衛之外，他們全都出來了，因為他父親心想：「他根本不會想見大衛，要他出來幹嗎！」但先知不斷說：「不是那個；不是那個。」於是父親決定把大衛帶來。然後先知說：「就是這個。你將要成為治理這地的正義之君。」有非利士人來攻擊以色列人，他們那邊有個巨人叫歌利亞。非利士人恨死以色列人了，所以就攻擊他們。大衛所有的哥哥都去跟非利士人和歌利亞打仗。沒有人能打敗歌利亞，於是大衛帶着他甩石的機弦去迎戰歌利亞。歌利亞說：「誰來挑戰我？」大衛說：「我來。」歌利亞說：「你這個小子永遠不可能打敗我。」大衛說：「有上帝與我同在。」這樣，大衛拿起機弦，放一顆石子進去，石子打中歌利亞的正前額，他就被擊倒了。大衛用歌利亞自己的刀把他的頭割下來。眾人都歡呼「好哇！好哇！好哇！」於是大衛被封為王，因為之前的掃羅王戰死了。

公　公：不是死在這場仗中。

索爾葦：不是，是另一場。之後大衛作王，而不是掃羅的兒子。

公　公：約拿單。

索爾葦：大衛和約拿單是十分十分要好的朋友，但大衛快要作王了，就是這樣。喔，大衛在作王時其實犯了一點小錯誤。他作王之後，一天從窗口往外看，見到一個女人在她的陽台洗澡，那女人名叫拔示巴，他要知道她的名字。大衛就差人把拔示巴接來。你一定要記得，之前大衛已經娶了很多女人了。

公　公：不是連續地娶，是一次過娶很多個。這叫做后宮。

索爾葦：對，就像《國王與我》（*The King and I*）的故事一樣。僕人告訴大衛，拔示巴已經嫁給他其中一個手下了。於是大衛吩咐他的僕人，讓那個將士去到最危險的戰場上，卻不讓他知道，他就這樣戰死了。之後大衛娶了拔示巴，他一直都想這樣做。而拔示巴似乎早就知道了，因為，如果我是她的話，我會奇怪為甚麼丈夫今天被召去見皇帝，第二天就死了。她很可能是這麼想，但是她……好了，重點是……現在，不如換你把故事說下去。

公　公：拿單先知的故事。

索爾葦：因為你說故事太動聽了。

公　公：這些事以後，拿單先知來見大衛說：「我想告訴你一個故事：從前有個富人，他有許多許多羊。又有個窮人，他只有一隻羊。富人不能忍受竟然會有一隻羊是不屬於他的，於是他取了窮人的羊放在自己的羊羣中。大衛王啊，你是那麼聰明，你認為該拿這富人怎麼辦呢？」大衛回答說：「因他犯了這大罪，該把他殺了。」拿單於是說：「**你**就是那富人。你已經有一整個后宮的妻子和妃嬪，卻偏要把你將士的妻子取過來。」

索爾葦：接下來呢？

公　公：於是大衛披麻蒙灰悔改。這件事發生之後，大衛不再有好日子過。拔示巴成了下任以色列王的母親。你記得王的名字嗎？

索爾葦：嗯……

公　公：不知道嗎？眾王之中最偉大的王……所羅門。

索爾葦：啊，對。我是知道的。好了，告訴我……

公　公：所羅門把以色列建設成一個小帝國。他在大衛定都的耶路撒冷建造了宏偉的宮殿，並在周圍築起城牆，使它成了一個偉大的城。他有一支強大的軍隊。他的商貿活動無遠弗屆，商隊去到世界上每一個已知的地方。上帝在他作王時問他希望要甚麼，所羅門回答說：「最重要的是，我希望有智慧來好好地治理這民。」主回答說：「你這樣求本身就是個明智的選擇。我就讓你有智慧吧。」

索爾葦：等等，我很混亂……

公　公：另外……

索爾葦：把故事再講一次，因為我很混亂。

公　公：好吧。所羅門是大衛王和拔示巴的兒子。當他作王時，他向主祈求。主說：「你想要甚麼？」所羅門說：「我希望有智慧，這樣我就有能力好好地管治這國了。」主說：「你這樣求本身就是個明智的選擇。我就讓你有智慧吧。」所以從一個角度說，所羅門是以色列最偉大的君王，他是一個治國有道的智慧君主。他把大衛城建設成有宮殿和圍牆的堅固之城。

索爾葦：他本來可以做甚麼？

公　公：他本來可以向主要甚麼？

索爾葦：喔，既然他似乎早已是有智慧的，他本可以為他的人民求點甚麼，為他們祈求好的生活，或者祈求今後世界和平。

公　公：沒有一個古代的皇帝會想到求這些東西，因為打仗是他們的一個重要工作，而所羅門有一支強大的軍隊。

索爾葦：那麼他就不是很有智慧了。

公　公：這可以是一輪爭辯。

索爾葦：我喜歡爭辯。

公　公：除了立國之外，所羅門還做了一件極為重要的事。他建造聖殿，就是以色列人會見主的地方。

以色列之地

索爾葦：你想談甚麼呢？

公　公：我們還沒有把所羅門談完。

索爾葦：還沒有麼？

公　公：我們只看了所羅門好的方面；下面是他壞的方面。壞的方面是他浪費了很多錢，所羅門幾乎花盡了國家的稅收，以至當他死去之後，有一半以色列人起來反抗所羅門的政策，並且不讓所羅門的兒子作他們的王。因此，所羅門是統治全以色列的最後一個王。從此之後出現了兩個國，各自有自己的王。北部的叫做以色列國；南部的叫做猶大國。

索爾葦：好啦。我有另一個問題。巴勒斯坦是怎樣建立的？因為以色列和巴勒斯坦多年來……

公　公：當以色列人來到今天我們稱為巴勒斯坦那地時，顯然之前已經有人住在那裏。以色列人征服了那地。

索爾葦：不是以色列人最先在那裏的嗎？

公　公：不是。記得他們曾經是埃及的俘虜嗎？

索爾葦：對。

公　公：他們逃出了埃及，不再作俘虜，之後越過沙漠，來到巴勒斯坦。在他們來到之前，已經有人住在那裏了，所以他們一定要征服那地。他們透過通婚之類的方法把大部分人汲納進以色列。那片土地曾經歸以色列人所有約一千年之久。然後，當羅馬帝國最終永遠地把聖殿拆毀之後，那地曾經有一段時間幾乎是一處三不管地帶，顯然有人聚居在那裏，但並不是一處有甚麼特別的地方。隨著基督教教會增多，那地變成了屬於基督徒的。因此巴勒斯坦有五百年是一個基督教國家。接著在第七世紀，從亞拉伯來的亞拉伯人征服了那地，那裏變成了一個亞拉伯國家超過幾百年。

索爾葦：之後……

公　公：之後猶太人回來。

索爾葦：「我們要得我們的地！」

公　公：聯合國通過議案，把那地分成兩個國家。三分之二是亞拉伯的，三分之一是以色列的。

索爾葦：在甚麼時候發生的呢？

公　公：一九四八年。可是周圍的亞拉伯國家——敍利亞、約旦、埃及——完全不想那裏有個以色列國，因此他們的軍隊立即發動攻勢。以色列國按照聯合國的決議案宣布立國，亞拉伯各國當天就舉兵進攻。讓所有人大感驚訝的是，在接下來的戰役中，猶太人打贏了，這使以色列得到的巴勒斯坦土地，比起聯合國原本建議的面積更大。之後差不多同類事件又發生了兩次。亞拉伯軍隊先後出動了兩次，他們兩次都輸了，而以色列的面積就每一次增加一些。很難說誰真正擁有那地。要是你以誰住在那裏最長時間來衡量，顯然就是猶太人了。

索爾葦：要以誰最先在那裏來衡量。

公　公：要是你說那地是屬於最先住在那裏的人的，那就是那些在以色列人來之前就在那裏的人了。但現在已經沒有人知道他們是誰。

索爾葦：喔，這些人和這地，真是複雜。

聖誕老人和其他聖人

公　公：你想談甚麼？

索爾葦：讓我們談一下聖誕節。

公　公：你想問聖誕節的甚麼問題呢？

索爾葦：唔……聖誕老人是怎樣成為聖誕節一部分的？

公　公：這是個很長的故事，你想聽嗎？

索爾葦：想。我還有個想法。

公　公：有一個真有其人的聖人，我想他該是第四世紀的一個主教，名字叫尼古拉斯。他成了個著名的聖人是因為他向人行善，於是聖尼古拉斯就成了把禮物贈送他人的守護聖人（patron saint）。聖尼古拉斯的荷蘭文是 *Sinter Klas*，荷蘭人來到曾稱為新阿姆斯特丹的紐約定居，他們把 *Sinter Klas* 的故事帶來美國。[10]

索爾葦：我有個想法：當我們想起聖誕老人，就會想到這個給小孩和大人派禮物的快樂老人。好了，從一個角度說，聖誕老人……因為是沒有聖誕老人的，所以他不是真有其人。他是個靈。他有點像聖誕節的靈。

10　譯者按：*Sinter Klas* 發音與英文 Santa Claus（聖誕老人）接近。

公　公：正確來講，他不是聖誕節真正的靈……

索爾葦：對啊，真奇怪。真正的聖誕節並不是像他那樣從煙囪爬下來，把禮物放在盛禮物的襪子裏的。

公　公：有許多基督徒都是聖人，他們是那些在某方面有好行為而被人紀念的人。不管你想像那個穿著紅衣由煙囪爬下來的老人是甚麼，其實他就是聖尼古拉斯。

索爾葦：是。但實際上並沒有人從煙囪爬下來把東西……

公　公：沒有，當然沒有，而你知道是沒有的。你曾經以為有嗎？

索爾葦：是的。

公　公：真的嗎？

索爾葦：在我小時候。

公　公：甚麼讓你改變想法？

索爾葦：有一陣子我是這麼想……喔，其實最初讓我有這個想法的原因，不是復活兔子就是護牙小仙女。[11] 然後我想，要是**那**不是真的呢……之後我不斷要媽媽告訴我，最後我說：「求求你，告訴我吧！」於是我們在家中的

11　譯者按：護牙小仙女原文是 Tooth fairy，西方童話，內容說小孩子把掉下來的乳齒放在枕頭底下，護牙小仙女就會來取走牙齒，並給孩子留下禮物。

浴室裏討論了很久。我們一直談著，然後我提起聖誕老人——我不大知道為甚麼我們會認真地談起來。我問她：「聖誕老人不會是真人吧，是不是？」其實，全部事情的開始是某天我在半夜醒來，我喊著找媽媽，我問她：「聖誕老人是真人嗎？」但她甚麼也沒有說。幾年之後，一天晚上我問她，她告訴我說：「他不是從煙囪爬下來把禮物放在聖誕襪子裏的一個真人。他是代表聖誕節的一個快樂傢伙。」

公　公：嗯，他代表了在聖誕節送禮物的一面——還有收禮物的一面。當然，這些都完全不是聖誕節最重要的意義。

索爾葦：聖誕節的重點一定是耶穌降生，只不過人們不斷添新東西進去而已。要是你在街上遇到的一個老農夫會是耶穌的話，你肯定會送禮物給他。

公　公：你知道有次耶穌説……

索爾葦：祂是所有事物的一部分。

公　公：祂不是所有人的**一部分**。你知道有次他説甚麼嗎？

索爾葦：甚麼？

公　公：若有人向真正有需要的人送上一份禮物——這些

人不會包括你或我，另外……

索爾葦：當然不包括我們。好了……

公　公：若有人向真正有需要的人送上一份禮物，這就像是送給我一樣。意思是，比方說，當你在聖誕節前夕，在街上看到救世軍和一個化妝成聖誕老人的人募捐，那**就**有點像送禮物給耶穌了，因為捐款是用來買東西給真正有需要的人——在聖誕節為別人買一頓豐富的晚餐，不那樣的話這些人就沒有晚餐吃了；又給那些無家可歸的人付錢租居住的地方……

索爾葦：可是，你認為聖誕老人從煙囪處爬下來，把禮物放在襪子裏的想法是怎樣開始的呢？

公　公：是因為有人寫了一首詩。*Sinter Klas* 的傳說——首先從荷蘭人開始，然後傳到紐約，並且繼續從那裏傳開，接著這個人—— 我忘了他的名字了—— 寫了一首詩……

索爾葦：「在聖誕節前夜，整間屋裏沒有一人在吵，就連老鼠也不鬧。」

公　公：他寫了這首詩，又編造了聖誕老人的故事……

索爾葦：全部都是他編造的嗎？

公　公：他虛構說聖誕老人駕著雪橇來……

索爾葦：我從來沒有想像過……他是甚麼時候的人？

公　公：十九世紀。不過我能記得的就是這麼多了。

索爾葦：你是說在這之前，沒有人……

公　公：沒有人有聖誕老人坐雪橇或者從煙囪下來的想法。人們覺得這首詩太好玩了，所以……

索爾葦：他們就開始讓它變成真有其事。

公　公：有趣的是，他的詩……

索爾葦：讓人們開始把襪子掛起來。

公　公：取代了原本那善心的主教給人送禮物的故事。

索爾葦：所以之後我們就有個快樂老人。

公　公：讓我說清楚，索……

索爾葦：甚麼呢？

公　公：有個真的聖人名叫聖尼古拉斯。

索爾葦：有，當然有。

公　公：要是我們紀念善心的聖尼古拉斯，就會更接近聖誕節的意義了。

索爾葦：要知道，許多不上教會的人一般都認為聖誕節就是收禮物，許多人連慶祝聖誕節的理由也不去想一下。

公　公：嗯，這種情況已經持續了好久了。回頭說關於聖人的事……許多基督徒會求聖人為他們代求，像我可以求你為我代求。

索爾葦：我又不是聖人。

公　公：你不一定要是聖人。任何人都可以為別人代求，對嗎？關於聖人的其中一個概念是，那些我們肯定他們是聖人的人，像聖尼古拉斯，他們一定是和上帝在一起的，因此你可以請他們為你代求。你可以這樣禱告說：「親愛的聖尼古拉斯，求你向上帝禱告，使我在聖誕節的時候不要太過貪得無厭，並且更加關心那些真正需要禮物的人。」

索爾葦：我猜那會是一件好事，但你知道，有些人在聖誕節時只是想到自己。

公　公：我相信你不想成為他們其中一個吧？

索爾葦：不想。

公　公：那麼改天可以試一試做這個美好的禱告：「親愛的聖尼古拉斯，代我求上帝使我不那麼自私。」

索爾葦：阿們。

公　公：阿們。

教會年曆與禮儀

索爾葦：來談一談將臨期。將臨期是怎樣變成人人都紀念的大節日的？

公　公：那不是人人都紀念的大節日。

索爾葦：喔，我是指基督徒都會去紀念的意思。

公　公：也不是全部基督徒都重視。只有那些遵守所謂教會年曆的基督徒才會紀念。你知道教會年曆是甚麼嗎？

索爾葦：是甚麼？

公　公：教會有自己的年曆。教會年是在將臨期的第一個主日開始，幾個主日之後就是聖誕節，之後是一月六日的主顯節，主顯節後再過幾個主日，就是一連四十天的大齋節，再來是聖週……

索爾葦：是的，但為甚麼……

公　公：人們需要有年曆去知道一年中的各個日子。

索爾葦：但你也得做好過節的準備。

公　公：對了。年曆中有兩個準備過節的大日子。一個是準備聖誕節的將臨期；另一個是準備聖週的主顯節。

索爾葦：是。

公　公：但還有另一件事。「將臨」的英文 Advent 是甚麼意思？

索爾葦：我不……啊，Ad-vent——是 add the vent（加上煙囪）的意思。（笑）

公　公：這字是拉丁文。*Ad* 是前置詞，不過在這裏是前綴詞，意思是接近某事某物。*Venire* 是指將要來臨。因此將臨期是指在一年當中接近基督降臨的日子。

索爾葦：是的。但為甚麼我們要期待基督的死？

公　公：那是在大齋節做的。

索爾葦：對，我正要談這個。為甚麼我們要期待祂的死亡？

公　公：因為不單止期待祂的死亡，也同時期待祂的死亡和復活。那就是聖週，從棕樹枝主日開始，然後是聖禮拜四，我們在這天洗腳，而所有……

索爾葦：濯足星期四，又稱立聖餐紀念日。

公　公：之後是受難日，禮拜六夜晚和復活節的主日早上。那是教會年曆中最主要的節目。

索爾葦：是的，也是我最喜歡的節目。我最喜歡復活節和聖誕節。在聖誕節可以唱聖誕歌；在復活節，全個大教堂都布置起來，真是樂透了。

公　公：不過，沒有主受難日的復活節就不好了。

索爾葦：對啊，我知道。在大教堂舉行濯足星期四時，詩班離開的時候很好玩。

公　公：他們為甚麼要這樣做呢？

索爾葦：或者要表達他們很傷心之類吧。我不知道。

公　公：你記得曾經發生過的事。耶穌在禮拜五被釘十字架。在前一晚，即禮拜四，耶穌和門徒吃晚餐。

索爾葦：正確。

公　公：祂被捕，所有門徒四散。

索爾葦：因此詩班就像門徒那樣。

公　公：對了，他們走出去。

索爾葦：為甚麼是詩班走出去？

公　公：因為是他們獻詩的。你可以讓全部會眾都走出去，但這樣做就有點混亂了。

索爾葦：為甚麼要把燈拿下來？

公　公：在禮拜四的崇拜結束後就不會亮燈。聖壇上不放東西——壇上是空的。大教堂上有那些大燈，要把燈滅了就得把燈拿下來。其他的燈，像蠟燭等，把火滅了就行了。

索爾葦：是怎樣點著那些大燈的？

公　公：用蠟燭。像點其他蠟燭一樣。

索爾葦：為甚麼要把燈取下來？

公　公：讓氣氛更激動人心。把燈全部拿下來是要把它們全給滅了。

索爾葦：滅燈時有點混亂。聖灰星期三的目的是甚麼？

公　公：那天是大齋節的開始，在一個禮拜中的禮拜三——你得數四十天……

索爾葦：（唱）四十日，四十夜……

公　公：因為耶穌在曠野受試探四十日，所以大齋節在聖週第一日之前的四十日開始。至於聖灰……你知道那些灰是怎麼弄來的嗎？人們把上一年棕枝主日的棕樹枝燒了。

索爾葦：從去年的棕樹枝得來的？

公　公：是。各人搖著的棕樹枝……

索爾葦：可是怎麼夠呢？許多人都把棕樹枝帶回家去啊。

公　公：有不少剩下來。

索爾葦：是在哪裏把樹枝燒掉的？

公　公：要由教會決定，任何地方都可以。把粉狀的灰用一點油和起來，這樣手指就可以用這些灰劃記號。

索爾葦：劃十字架。喔，本來該像個十字架，可是到了第二天就走樣了。

公　公：你知道為甚麼用灰在前額劃十字架嗎？因為在受

洗時，你的前額也會被抹油。

索爾葦：我受洗時有沒有哭？

公　公：沒有。

索爾葦：我是不是個乖寶寶？

公　公：我記得你是個吵鬧的寶寶，這並不意外。但你沒有哭。和你一起受洗的還有幾個寶寶，他們有不少就不大聽話了。

索爾葦：我在他們之中是最聽話的，當然啦，我從來都是最乖的。

公　公：你知道，許多你自己誇自己的話都不會放在我們這本書裏。[12]

索爾葦：我知道。我們已經談過受洗的目的了，讓我們談別的。棕枝主日沒甚麼特別。喔……要是大家都該是平等的，為甚麼牧師們都有他們自己的椅子？

公　公：這是個問題。從一方面說，我們都該是平等的；另一方面，不是每個人都紀念聖餐，牧師被按立主持聖餐禮，那就表示他們一定要靠近聖壇坐，所以要把位子留給他們。

12　但正如讀者發現，有一些被記錄下來了。

索爾葦：當然。但為甚麼他們不像其他人一樣，坐同一樣的椅子？除了為那些需要高背椅子的人之外……

公　公：不少基督徒認為他們應該坐不同的椅子。

索爾葦：我不認為他們應該。我只是想知道為甚麼他們要這樣做。

公　公：長老會教會讓神職人員坐普通的椅子。

索爾葦：我只是想知道為甚麼。坐兩種椅子我都不介意，有兩種椅子讓大教堂顯得更漂亮。

公　公：古時教會的領袖行禮時的裝束和華麗的衣著，就像皇帝一樣，所以，要是皇帝戴皇冠，主教也戴皇冠。

索爾葦：我有另一個問題：為甚麼中世紀的神父要束那種特別的髮型？是為了在頭頂放光環嗎？

公　公：不是。

索爾葦：因為確實像個光環。

公　公：我知道，但原因卻是為了顯得謙卑。束長髮是屬於世俗人的髮型。

索爾葦：就像女公爵、皇帝、皇后……

公　公：要是有點錢的普通人也留長髮。僧侶和修道士差不多把全部頭髮削去，他們這樣做來顯示他們是貧窮的，他們沒有屬於自己的財物。

索爾葦：但他們心靈富足，反而那些留長髮的人，他們有錢但心靈貧乏。

公　公：這正是不留長髮的概念。

索爾葦：那為甚麼要有滴口水的怪獸和怪人？牠們是為了讓你規舉一些，否則這些怪獸就會……

公　公：我不知道事情是否真是這樣。

索爾葦：喔，學校是這樣說的。

公　公：也許是吧。我猜，有個更簡單的理由：人們**愛**虛構這些趣怪的動物。記得我們昨天去看的展覽會嗎？那裏有蛇、女蛇妖……

索爾葦：記得，但他們豈不正好表示，下到地獄就會有這些怪物麼？

公　公：我不認為是這樣。在中世紀，大教堂或教會是城中惟一的華麗大建築物。因此，人們所有的藝術動力都用來建造教堂，在某些不大起眼的地方，他們總是為了同一個原因繪製這些趣怪的動物。

索爾葦：只是為了享受創作。那又為甚麼要在教堂裏面做？

公　公：因為只有在那裏他們才可以這樣做。

索爾葦：我不知道你說的對不對。許多書本都說，那些怪獸是為了讓人遵規蹈矩一些，而我的老師已經教了中世紀課十二年了。

公　公：噢，也許她對，但我認為有一個更簡單的解釋：那些怪獸有不少——比方說，在法國的大教堂裏的怪獸——並不嚇人，牠們只會惹人喜愛。

關於三位一體與道成肉身

索爾葦：童女馬利亞——一個新題目。除了是耶穌的母親之外，她是誰？

公　公：我們所知道的確實很少。根據新約聖經，她是個拿撒勒的年輕女子，許配給一個叫做約瑟的男子……

索爾葦：有上帝向她說話。

公　公：我們就知道這麼多了。但以後，人們講了她整個生平，當中有多少內容是記下來的，有多少內容純粹是虛構，就很難說了。

索爾葦：還有其他有趣的題目嗎？

公　公：嗯，有一個你之前提到與聖誕老人有關的題目。

索爾葦：我的確有……我說聖誕老人像聖靈。

公　公：嗯，那是錯的。

索爾葦：對，那是錯的。

公　公：我正想談這個題目。聽我說：有各樣的靈，每個人都有靈。你是個被靈充滿的人。

索爾葦：每個人當然一定要有靈。

公　公：但有些人卻沒有多大的靈性活力。有些人像是**沒**神**沒**氣的。

索爾葦：就像聖誕老人——不是荷蘭的聖誕老人——他有點像被聖靈差來的使者那樣——在某種程度上。

公　公：啊，……

索爾葦：因為他是聖誕節的靈，當然不包括耶穌在內啦。

公　公：讓我教你一點東西。不單止是個人的，就像足球隊之類的一羣人或者一個班級那樣，他們都有靈。這靈有兩個意思：一，指那人或者那羣人的個性；二，指發自那人或者那羣人而能夠影響他人的個性。當你在我身旁，你活潑的個性影響著我，對嗎？

索爾葦：就好像我扯你的鬍鬚。

公　公：全對。因此，上帝有個靈的意思是指上帝不會封閉自己……

索爾葦：我不想祂封閉自己。

公　公：當上帝發出祂的美善、憐憫、還有怒氣時，那些都是從上帝裏面迸發出來的，它們能夠對我和你造成衝擊。因此情況就像：即使你的靈能影響我，你的靈仍是你的靈而不是我的靈；所以上帝的靈是祂的靈，這靈不是跟聖誕老人的靈那樣的靈。

索爾葦：可是上帝**的確是**個靈。祂不**需要**有靈，祂不用別人來把靈賜給祂；祂本來就是個靈。不是祂得到靈，祂天生就有靈與祂同在。祂**就是**靈。

公　公：對。

索爾葦：但我得説，很難解釋上帝的意思是甚麼。

公　公：你認為難嗎？

索爾葦：是。

公　公：嗯，又難又不難。肯定是難的，但你可以想想其中的差別——而你剛剛就是這樣做——介乎「雖然你有靈但你是別的東西」和「你就是個靈」之間的差別。

索爾葦：上帝和聖靈……聖靈就是祂自己，祂以同一個樣式成為上帝。聖靈的上帝就是那位有聖靈的靈。

公　公：上帝就是祂自己所有的靈。

索爾葦：對，那麼聖靈……

公　公：聖靈就是上帝自己的靈。

索爾葦：對。每個人都是上帝的一部分。

公　公：不是。

索爾葦：不完全是，但你的每個舉動，都在上帝的監察下。我想知道這東西是怎樣監察人的。

公　公：不該說「這東西」。

索爾葦：那麼它是甚麼東西？

公　公：是「祂」。

索爾葦：祂不是他、她或它。祂是一個神。

公　公：所以我們要用我們的語言來形容祂。最恰當的就是用「祂」字。

索爾葦：一位上帝……

公　公：要是你想用代名詞，就說「祂」吧。

索爾葦：一位你只可以稱之為「上帝」的上帝，也是惟一一位你可以稱之為「上帝」的上帝。

公　公：肯定不可以用形容死物的代名詞「它」。

索爾葦：你只可以稱上帝為「上帝」，不可以稱之為他、她或它……

公　公：嗯，你肯定會動用代名詞來指稱上帝，你要用代名詞時……

索爾葦：是的，但是「上帝」就是代名詞。

公　公：「上帝」是個特有的名字。

索爾葦：「上帝」不是名字。

公　公：「上帝」這個字是名字。

索爾葦：「上帝」是個名字嗎？

公　公：「上帝」這個字當然是給上帝的名字。

索爾葦：「上帝」不是名字，那是個名詞。

公　公：好啦。「上帝」這個字是用來做為名字的名詞。

索爾葦：當然。但「上帝」就是上帝。「上帝」不是——怎麼解釋呢——不完全是代名詞。「上帝」是個名字，但「上帝」本來就是上帝。

公　公：知道你剛剛做了甚麼嗎？你用了代名詞。要明白，重點是……

索爾葦：是的，我用了代名詞和名詞。

公　公：對了。不用代名詞來說話是不可能的，所以你也要用代名詞來形容上帝。

索爾葦：上帝又是名詞又是代名詞，問題就在這裏。那不是問題……真難解釋。

公　公：知道為甚麼那麼難解釋嗎？

索爾葦：為甚麼？

公　公：因為這十分簡單。

索爾葦：在內心裏一切事情都是簡單的。

公　公：對了。

索爾葦：當你說某些事物是簡單時，你就要說別的事情。要是你認為一加一很簡單，你就要知道甚麼是數字以致一加一是簡單的。

公　公：你說對了。另一方面，你知道甚麼是數字，全因為你是從一、二、三、四、五開始數數字……

索爾葦：對……你要先知道甚麼是數字，才知道一加一等於二。

公　公：除非……索——

索爾葦：這我們已經談過了。

公　公：關於上帝……現在我不大有興趣談數字……

索爾葦：我頗有興趣談一下。

公　公：現在不要談。我們本該……

索爾葦：不好，現在就談。

公　公：我們本來該談神學。

索爾葦：是的。但神學就是數字；數字就是神學。

公　公：噢，不要再談這個了！

索爾葦：民數記？（笑）

公　公：你知道那是另一回事。

索爾葦：（笑）開玩笑而已。

公　公：拿甚麼數字來形容上帝呢？

索爾葦：恆河沙數，無有。上帝不是一個數字。

公　公：祂不是一個數字，但有個數字用來形容祂。你説是多少？

索爾葦：一。只有一位上帝。

公　公：對。另一方面，這一位上帝不光是一團東西或者一個點滴。

索爾葦：好像細菌那樣。

公　公：祂是聖父、聖子耶穌和聖靈。

索爾葦：耶穌是祂的一部分。

公　公：不是一部分。

索爾葦：要是上帝不是耶穌，耶穌就不是上帝。

公　公：教會是這樣教導的。

索爾葦：祂們是在一起的，只不過耶穌有自己的性情。情況並不像上帝……耶穌是上帝的一部分，上帝是耶穌的一部分。耶穌有自己的智慧。祂是上帝的兒子——祂有自己的智慧和心思。祂沒有上帝的智慧。上帝有的沒有一樣是耶穌有的，除了……

公　公：喔……

索爾葦：等一下。上帝所有的，耶穌確實都有。祂與上帝不同。祂不是上帝，上帝是祂的一部分。真是……傷腦筋啊。

公　公：不，很簡單。你只要聽一下。你說耶穌是個人。

索爾葦：祂是祂自己。

公　公：對。然後有一位稱為祂的父的，還有祂們的靈，聖靈。「上帝」這個字，純粹是平等地適用於祂們每一位，或者祂們在一起時。

索爾葦：是。但耶穌依然有祂自己的身體。祂不是上帝的身體。

公　公：耶穌是個身體。對。從這個意義上說，上帝確實有身體。

索爾葦：祂當然有身體。祂有那個身軀。但耶穌有自己的思想，上帝也有自己的思想。祂們的思想不一樣——祂們的思想的確是一樣的，不過，耶穌可能監察一個大陸，上帝可能監察……

公　公：不對！不對！不對！

索爾葦：是對的。

公　公：不，不對。

索爾葦：有這個可能性。

公　公：有這個可能性，但情況不是這樣。你要克服把上帝想像成一團胖胖的東西或者一個有鬍子的老頭的想法。

索爾葦：我沒有把祂想像成那個樣子，我只是沒有想像耶穌是上帝。兩個獨立的性情但歸同一類……但是一樣的。

公　公：讓我們換個説法：耶穌**與**父上帝——你永遠要這樣稱呼祂們。要是有子，就要有父，對嗎？

索爾葦：當然啦。大多數時候……

公　公：或許父死去了，但父曾經存在。耶穌是子，又有父上帝，只有在祂們的關係裏才有上帝。你能夠想一想嗎？瞧，有一個你又有一個我，我們之間有一種關係……

索爾葦：對。可是，瞧，耶穌和上帝的關係是對等的。

公　公：説得對。而我們把那種關係稱為上帝，用一個字來形容就夠了。

索爾葦：關係？

公　公：是的。

索爾葦：上帝是一種關係？

公　公：耶穌和祂父親之間的關係。

索爾葦：關係？好啦。所以父上帝……

公　公：與上帝的兒子和上帝的靈，祂們是同一位上帝。

索爾葦：等等。這個我懂。但很難……

公　公：我再說一遍，難以掌握是因為這太簡單了。

索爾葦：是的……當然……這就是重點——容易的事情就比較容易使人迷惑；比方說四加七吧。要是你一直在做長除法，你可能就會忘記怎樣計算四加七了。你腦子裏總是要記住所有算式。嗯，你不可能記住所有算式；你要記住所有算式而又不過度專注於一方面，忽視了另一方面。

公　公：上帝就像這樣。

人吃甚麼，就是甚麼

公　公：嗅到燒火雞的香味嗎？

索爾葦：我打算大吃一頓呢。

公　公：當心不要變成火雞了。有一句在德文才找到的古老雙關語，句子中的「是」和「吃」發音一樣：人吃甚麼，人就是甚麼。

索爾葦：我們離開神學話題了。

公　公：沒有。因為說一個人接觸到甚麼，他就**是**甚麼是有道理的。不管是食物、語言、電視遊戲、音樂、書本，你會像它那樣，這就是為甚麼人們要上教會。

索爾葦：你不會變成它；你會像它那樣。比方說，你要是讀「美國女孩叢書」（American Girl Series）——拿吉蒂做個例子吧，我有個吉蒂娃娃——書中的吉蒂愛羅賓漢（Robin Hood）。不，換另一個，她愛阿梅莉亞．埃爾哈特（Amelia Earhart），[13] 她希望自己好像她一樣，於是就盡量做了許多與阿梅莉亞有關的事情，可是吉蒂不可能**是**阿梅莉亞．埃爾哈特。

公　公：說得對。不過她可以跟阿梅莉亞．埃爾哈特很相似，這正是人們該上教堂的原因，因為這樣做他們自己就會接觸到上帝。

索爾葦：相似和喜歡。「我喜歡你」的意思，是你跟你喜歡的那人相似。你永不會認為他們是一樣的，但從某一個層面來說，他們是一樣的。如果你說：「我喜歡他們」，你就要在某一方面像他們。你懂我的意思嗎？

公　公：喜歡一個和你很不相似的人，你認為不可以嗎？

索爾葦：可以。但仍然要有共通點。

13　譯者按：Robin Hood 是英國傳說中劫富濟貧的綠林豪傑；Amelia Earhart 是著名美國女飛行員。

公　公：我們要跟誰有共通點呢？誰是那最重要的一位，讓我們跟他有共通點？

索爾葦：上帝。

公　公：整體意義上的上帝，還是……

索爾葦：不是整體意義上的上帝，是有位格的上帝。

公　公：會是哪一位呢？

索爾葦：耶穌。

公　公：瞧，事情就是這樣。

索爾葦：是。但不可能任何人都像耶穌。

公　公：不，是可能的。

索爾葦：啊，是可能的。祂是世上惟一可以做完美事情的人。

公　公：說得對。可是你可以不完全像祂，而去做一些不完美的事，是嗎？

索爾葦：是的。要跟祂有共通點就一定要像祂。

公　公：而要是你真正喜歡一個人，你就會愈來愈像祂。

索爾葦：所以，比方說像我的朋友們，我愈認識他們，或者我愈喜歡他們，我就愈發現我們之間的共通點，要是你明白我的意思。因為，要是你不喜歡他們，你就不會像真正地了解他們那樣去認識他們。

經濟學

索爾葦：我們來繼續談。為甚麼猶大會出賣耶穌？

公　公：有兩個答案。第一，因為人做惡事，那件就是**猶大**做的惡事。

索爾葦：是的。可是為甚麼……這件事情似乎完全可以解開一個大謎團。耶穌太完美了……在每個人的身上總得發生點壞事——從一方面來說。

公　公：哎，完美的人可以十分令人討厭。

索爾葦：對啊！知道別人比你完美，有點令人討厭。

公　公：許多人覺得耶穌令人極難忍受。以色列的宗教領袖們就是無法容忍耶穌，因為……

索爾葦：因為祂相信祂是上帝的兒子。

公　公：是。也因為要是人們都相信和跟從祂的教導，世界就會翻轉，好像耶穌說，那個把她的兩個小錢投出去的婦人，她比捐得更多的富人好。

索爾葦：當然啦，因為無論甚麼時候，一個窮人把他們僅有的一點東西捐出來，他們就比富有的人更良善。

公　公：你認為富有的人對於這種教導會有甚麼感想？

索爾葦：不會很好，可能他們會很憤怒。聽我說：在「天降財神」（Pennies from Heaven）的故事裏——我想是格林童話吧——有個女孩。她帶著一片麵包、一頂帽子、一件小小的裙子出去——她的父母都死去了。她看見一個捱餓的老人，就把她的一片麵包給了他。她繼續往前走，又有一個小孩，他要一頂帽子，她就把帽子給了他。然後又有另一個需要衣服的小孩，她就把自己的衣服給了他，除了內衣之外她甚麼都沒有。之後，因為她送掉了身上所有的東西，於是就有錢從天上降下來。

公　公：要知道，這樣會造成社會混亂的。

索爾葦：甚麼意思？

公　公：要是人們真的以這種態度生活，制度就會崩潰。

索爾葦：人們會捐出自己的東西，接著就會出現另一次經濟大蕭條。

公　公：資本主義制度，顧名思義，是以貪心作為基礎。

索爾葦：要是你不貪心，整個制度就會崩潰。

公　公：完全對。現在你就明白，耶穌的教訓是怎樣威脅到整個社會和政治制度了。

索爾葦：明白了。可是祂的教訓是有幫助的。一個制度怎麼既是好的又同時是壞的呢？

公　公：它是好的……

索爾葦：對某些人是好的，對某些人是壞的。不過，為了一個讓別人得到好處的制度而受苦，那就不是個好制度。如果應該得到的人真正得到他們所需要的東西，那也可說是個好制度。

公　公：對。可是對於那些不應得的人又怎樣？他們該得到他們所需要的東西嗎？

索爾葦：這正是耶穌所說的。

公　公：是。

索爾葦：祂愛所有人。或許祂認為某些人比另一些人更應該得到多一些，但祂希望每個人都得到平等對待。但要是每個人都有相同的份兒，那麼全部人又要再活在共產主義之下了，這又是行不通的。

公　公：你知道共產主義是怎樣開始的嗎？耶穌傳天國的道理，在天國裏每個人都得到公平對待。共產主義就是企圖強迫上帝作工，在我們想要的時候，立刻把天國帶到人間來。

索爾葦：這就更難了。我們一直都是好好的，直至共產主義開始。

公　公：共產主義者當然就是無神論者。我說：「強迫上帝作工」這話並不是說字面的意思。共產主義者準備去做耶穌等待由上帝去做的事情。

索爾葦：讓所有人平等。不過，這不表示他們不可以這樣做。耶穌的用意是要讓人過富裕生活，讓每個人得到平等對待。

公　公：祂的用意真是要讓每個人都過富裕生活嗎？祂不是吧。

索爾葦：祂不是。但祂一定希望人人都得到平等對待。要是有人被不好地對待，而其他人卻去希臘遊輪環島旅遊，像你不久之前那樣……

公　公：對不起，我沒聽清楚！

索爾葦：要是有人被很差地對待，到了要露宿街頭的地步，別的人卻去加勒比海啦、希臘啦、意大利啦、威尼斯啦、羅馬啦、法國啦、英國啦，那個人就會得到幫助，而不是那些別的人——因為那些別的人不值得幫助。耶穌幫助那個人，這就讓大家都平等了。所以從一方面說，耶穌不需要幫助那些別的人。

公　公：你正好說出了問題的所在。耶穌總是站在受壓迫者的一方，而這是導致祂被釘十字架的另一個原因。祂說——可能是祂最著名的話——「在前的必要在後，在後的必要在前」。

索爾葦：當然了。

公　公：在天國裏，那些在前面的現在要在後面，那些在後面的現在要在前面。人都不會很想聽這種話。我就不特別想聽了，因為我是在比較前面而不是在後面的，對嗎？

索爾葦：當然囉，我上的是好學校，那個道理就表示我在天國裏不能上好學校了。

公　公：這就成問題了。

索爾葦：對。可是，你不會希望一生都受到不好的對待的，因為，要是天國沒有學校怎麼辦？你不會為了可以在天國上好學校，而笨得現在就去上差勁的學校。當然啦，上帝永遠作你的老師，這可能會有幫助。

公　公：可能有幫助。（笑）不光是耶穌，整本聖經都教導人們稱之為「窮人優先」的道理，整本聖經對財富也抱著懷疑的態度。聖經沒有說富有的肯定就是邪惡的，但卻十分懷疑財富。我得說——你提到婆婆和我那次愉快的遊輪旅行時——我曾經因為這個旅行感到憂慮。

索爾葦：你說真的嗎？

公　公：真的。我曾經擔心……

索爾葦：你正在過著優裕的生活。但人總是希望在有生之年過一下優裕的生活。

公　公：可能是，但也可能本來就不應該這樣。

索爾葦：你希望盡可能享受一下，但又不至於太過自私和貪心。

公　公：**要是**只有今生的話。

索爾葦：是啊。或者——你認為耶穌是指**心靈**貧窮的人會先進天國嗎？

公　公：不是。

索爾葦：那些沒人愛的人會先進天國。但你在地上過優裕生活，其實跟這個沒有關係——這跟在後的必要在前，在前的必要在後無關。在地上沒人愛的人，可能會得到上帝加倍的愛。我希望這樣想，那麼我就可以在天國過快樂的日子了。（笑）

公　公：我肯定耶穌的心裏和腦裏都記念著窮人，但祂所指的是，不管是肉體上的還是心靈上的窮人，上帝都站在他們的一方。

禱告、行為、倉鼠

索爾葦：你想談甚麼？

公　公：我們已經同意會談禱告。禱告是與上帝交談。

索爾葦：對。

公　公：與上帝交談讓你感到迷惑嗎？

索爾葦：不是很迷惑。

公　公：真的？

索爾葦：不是。我猜要是我像某些人……我完全不感到迷惑，因為每個主日我都上教會和做這些崇拜要做的事情。但我猜不上教會的人，或者不做和上帝有關的事情的人，他們就不禱告。

公　公：顯然如此。

索爾葦：所以可能他們會覺得禱告是奇怪的事情——不過，似乎人人都信某個宗教，而且也要禱告。再加上，似乎——嗯，基督徒向上帝和耶穌禱告，猶太人向神禱告，伊斯蘭教徒向他們的神禱告，每個人都禱告。

公　公：不是每個人都禱告。

索爾葦：不是，但有不少人是。人們向佛祖禱告。

公　公：要知道，佛祖是個有趣的東西。你是指人們所謂的大乘佛教嗎？

索爾葦：是的。

公　公：他們有滿天神佛。

索爾葦：就是啊。即使他們拜許多神明，他們還是禱告。

公　公：可是所謂小乘佛教就沒有神明，所以他們不禱告。

索爾葦：對。但大部分人的確都禱告。

公　公：是，大部分人的確是。

索爾葦：所以禱告對他們來説其實並不是奇怪的事。我感到奇怪的倒是——比方説，在中古時期——因為我在一個半星期前讀完了《俠盜羅賓漢》……故事裏似乎差不多全部人都是基督徒，他們自不然常常禱告。他們向聖母馬利亞發誓，像羅賓漢和他的武士説：「要是我們幹這種事，我們會被聖母所藐視」，諸如此類的話。可是也有像約翰王子跟諾丁漢郡的治安官這種壞人，他們也是基督徒——他們每個主日都上教會，又去做禮拜等等——他們還是那麼邪惡。

公　公：怎麼可能呢？

索爾葦：他們不是真的——嗯，我估計他們是基督徒，但他們的行為卻不像基督徒。

公　公：不像。我想説兩件事：一，通常壞人和好人之間的分別是相對的。你也不完全是好人，我也不是。

索爾葦：但我不邪惡。

公　公：對，你不邪惡，你卻也不是純粹的好，對吧！我也不是。還是你認為我是純粹的好呢？

索爾葦：我不認為你是。

公　公：我也不認為我是。

索爾葦：你偷巧克力。（笑）

公　公：我甚麼事都幹。

索爾葦：你偷走我們的巧克力，然後把它們藏在這裏。

公　公：對，我這樣做是為你好。

索爾葦：為甚麼？

公　公：那麼你就不會因為吃過多的巧克力而發胖和掉牙齒了。

索爾葦：哎，好啦，隨你怎麼説吧。

公　公：所以，不需要把世界分成好人和壞人，因為好人做壞事，壞人有時也做好事。明白嗎？

索爾葦：明白。

公　公：你認為會有純粹邪惡的人嗎？

索爾葦：我想總有原因讓人變得邪惡，可能是像妒忌心之類的原因。比方說，回到《俠盜羅賓漢》，關於約翰王子，獅心王去了當十字軍，約翰王子想做皇帝，他的這個念頭讓他變邪惡——從一方面說。

公　公：貪心。

索爾葦：對，貪心。

公　公：嫉妒。

索爾葦：對。他兄弟有的，他全都想有。所以他渴望他的兄弟被殺，甚至反對——羅賓漢和他的綠林好漢朋友為了救獅心王李察而去準備贖金——約翰王子連他們準備贖金都反對。

公　公：你是說人們變得邪惡是有特別原因的，像妒嫉和貪心？

索爾葦：是。像聖經中耶穌被釘十字架，猶大出賣耶穌是有原因的。

公　公：你認為原因是甚麼？

索爾葦：可能是嫉妒……可能是貪心……因為可能他的妒忌心很重；他可能一心想管事情，他知道所有人都崇拜耶穌而不是他。

公　公：不是所有人，只有其他門徒罷了。

索爾葦：對，所有他認識的人。

公　公：或者他身邊的人。人們慣於談罪的種類——死罪，就是真正使你邪惡的罪，還有尋常的罪。

索爾葦：尋常的罪就是把巧克力從廚房拿到你的書房。（笑）

公　公：對。嫉妒或者妒忌就是死罪的其中兩種，兩種說法都可以。

索爾葦：許多人貪心，許多人嫉妒，時有發生。你可能會嫉妒別人所有的……比方說，我知道去年很多人嫉妒我們班中的一個女孩，她得到自由女神像的角色。我沒有嫉妒，因為我根本不在意，但不少人就嫉妒。

公　公：你有嫉妒過別人嗎？

索爾葦：有！當然有！很多時候都有。

公　公：你應該要提防這種心態。

索爾葦：知道。

公　公：因為就是這種罪可以使你變成邪惡。

索爾葦：喂，你也曾經嫉妒過吧。事實上，我敢肯定每個人都貪心。

公　公：我貪心過，但我沒有常常惡意地妒忌。

索爾葦：我從來沒有真正惡意地妒忌過，不過我卻試過……像「噢，她真是幸運啊。她有那個東西呢！」

那樣。

公　公：這一切怎樣跟禱告這個問題聯繫起來呢？

索爾葦：我沒有頭緒。有時我在討論一件事情時，比如這一分鐘我們談政治，下一分鐘話題就轉到葡萄酒去，完全沒有任何原因。而我總是不明白我們是怎樣談到那個話題的。

公　公：我們所以討論人，是由你引起的，這些人全部都禱告，但有些卻依然是邪惡的。你對這感到迷惑嗎？

索爾葦：不是很迷惑。因為有人可能認為：「啊，我們知道禱告是件好事」，但他們口是心非。

公　公：你不認為約翰王子所做的是發自真心的？

索爾葦：也許他是發自真心的，但他似乎並不真的喜歡那樣做，要是你明白我的意思。

公　公：你是指你禱告時的情況嗎？

索爾葦：是。

公　公：就算像有時你匆匆忙忙地做謝飯禱告那樣嗎？

索爾葦：我那時的禱告是發自真心的。有時我不想在那一刻禱告，因為我正忙別的事，我想先做完那事。但當我禱告，我就是發自真心的。

公　公：那就好了。

索爾葦：我的禱告是真心的，即是說，我是真心的，大概是這樣吧。

公　公：那麼，我們來做「求主耶穌來」禱告。

索爾葦：「主耶穌啊，求你來作我們的客人……」

公　公：你說這句禱文時是在說甚麼？

索爾葦：是在說：「主耶穌啊，求你來祝福我們桌上的食物。」

公　公：對。

索爾葦：「主耶穌啊，求你來作我們的客人，祝福這些賜給我們的禮物。」

公　公：你知道這個禱文是怎樣出現的？最初這是為聖餐禮而設的禱告，原文本來是耶穌的母語亞蘭文，後來變成亞蘭文「瑪能拿他」（*Maranatha*），就是聖餐禮時唸的「主啊，來」。

索爾葦：妙啊！

公　公：之後有人唸這禱文作為家中的謝飯祈禱。

索爾葦：那麼那個為健康和食物的禱告又怎樣？（唱）「主啊，為健康、食物和一切好處，我們感謝你。」

公　公：我不知道它的出處。但那是一個美好的禱文。

索爾葦：所以我們說：「我們所得的一切好處——都是你

的作為。」

公　公：你相信是這樣嗎？

索爾葦：嗯，我們所吃的東西確實是上帝造的。我們的食物真是由上帝付錢買來給我們的嗎？不是。不過食物和好處確實都是由祂造的。

公　公：要是沒有上帝，你以為你的爸媽、我或者婆婆能夠去買食物來餵飽你和我們自己嗎？

索爾葦：不能夠。

公　公：我想你是對的。所以，上帝不單止先造了食物，祂還……

索爾葦：造了我們。

公　公：對。

索爾葦：但並不是祂說：「今晚我想吃鴨子。」因為我們自己可以控制。

公　公：你以為我們對自己有多少控制力？

索爾葦：我認為我們所做的都是出於自我控制。我們是被教導去做事情的，若你明白我的意思。比如在餐桌前，我從來就不坐下，但我可以經由教導而控制自己坐下。

公　公：我不知道這可不可能。

索爾葦：嗯，我可以被教導這樣做。

公　公：那你最好立即就開始這麼做。

索爾葦：（笑）

公　公：因為你是個小討厭。

索爾葦：好啦，繼續談禱告。

公　公：關於禱告，你想談甚麼？

索爾葦：來談談主禱文。我們沒有談過。

公　公：好。

索爾葦：「我們的父……」這樣，我們是向上帝說話……

公　公：並且稱呼上帝作甚麼？

索爾葦：父。

公　公：這個典故出於何處？

索爾葦：我沒有頭緒。

公　公：你沒有嗎？耶穌親自教導祂的門徒這個字。一天耶穌的門徒來向耶穌說：「別的拉比都教他們的門徒特別的禱告方法，你卻從沒有教我們特別的禱告方法。」耶穌說：「你們禱告的時候，要說」。

索爾葦：「我們的父……」

公　公：然後他就把這個禱告教導給他們知道。

索爾葦：等等。好的。「我們的父……」，所以祂是在向上帝說話。

公　公：而且以某個名號稱呼祂。

索爾葦：稱呼祂做父親。我不曉得父親是不是個恰當的字。我們不知道上帝到底是男還是女，或者是其他東西。可能祂既不是男也不是女。

公　公：你認為祂既不是男也不是女？你認識「父」這個字……

索爾葦：祂可能像一條蛇。

公　公：不，祂不會像蛇。（笑）

索爾葦：我說像條蛇是指祂不是女孩又不是男孩的意思。

公　公：「父」這個字有特殊的意義。猶太人把上帝想像為父，意思是指祂看顧祂的子民。祂是猶太人的父，祂看顧祂的子民。但在禱告時，他們從來不直接呼喚「父」這個字。他們認為這樣做太親切，太放肆了。

索爾葦：是應該親切的啊。

公　公：是因為耶穌我們才認為是這樣。

索爾葦：等等。我們可以返回禱告的題目嗎？

公　公：我們正是在討論禱告。我正準備以「父」這個字來說明一個重點。這是耶穌教祂的門徒禱告重要的地方。祂說：「上帝是我的父，我是祂的兒子，我要把你固定在我禱告的肩背上。我稱呼父上帝，如今你也可以和我一同稱呼父上帝。」

索爾葦：因為祂也是所有人和所有東西的父。祂是碧克的父——碧克是隻可愛的小倉鼠。

公　公：但不管碧克多麼可愛，牠不會禱告。

索爾葦：啊，我就不會說得這麼肯定了。我想牠常常禱告呢。

公　公：牠是怎樣禱告的呢？

索爾葦：牠禱告牠會有一些奶酪、一些萵苣。（笑）

公　公：我當作沒聽到。

索爾葦：啊，牠會「唷」地叫。

公　公：那不是禱告。

索爾葦：你怎麼知道？

公　公：禱告是真真正正地與上帝談話，並不只是吱吱地尖叫。

索爾葦：是，但你不知道……

公　公：我也常常向上帝尖叫，但那不是禱告。在感到痛時，或者……但那不是禱告。

索爾葦：可以算是，因為你不知道倉鼠是怎樣說話的。

公　公：我認為我們知道。牠們根本就不會說話。

索爾葦：啊，但牠們有牠們自己溝通的方法啊。

公　公：這就有可能。

索爾葦：牠們尖叫就是牠們的溝通方法。

公　公：你認為上帝會用尖叫來回應嗎？

索爾葦：可能會。可能任何向上帝禱告的人都會變成這樣。

公　公：我認為這是個壞想法，儘管有人曾這麼想過。很久以前有個名叫恩培多克勒（Empedocles）的希臘哲學家，他說埃塞俄比亞人認為上帝是黑人，他們希臘人則認為祂是白人，要是驢子會思想，牠們會以為上帝是頭驢子。

索爾葦：如果上帝真的是頭驢子呢？

公　公：古時神學家通常說上帝是存有，是有道理的。祂是一切事物背後的真理和權能，並且在所有事物之上——倉鼠、星河、你和我。不過更重要的道理是，我們知道上帝像甚麼是因為耶穌，祂成為了人。上帝沒有降生成為倉鼠；祂降生成為我們中間的一分子。

索爾葦：要是我們想像上帝是倉鼠，祂就會非常可愛，可以給人輕輕撫摩。

公　公：想回來談禱告嗎？

索爾葦：想。

主禱文

公　公：好。「我們的父……」

索爾葦：「我們在天上的父，願人都尊你的名為聖。」

公　公：這是甚麼意思呢？

索爾葦：是不是指「你的名被尊崇」？

公　公：是指「你的名是神聖的」。

索爾葦：「願你的國降臨……」

公　公：這又是甚麼意思呢？

索爾葦：是不是──好像──你的國在天上……

公　公：有部分意思是，但還有另一部分更重要的意思。這要追溯到舊約聖經。上帝應許祂的國不僅在天上，全宇宙都會完全達到上帝心目中的模樣。

索爾葦：明白。這樣，「願你的國降臨，願你的旨意行在地上」。希望上帝的旨意實現……

公　公：那三個懇求差不多指同一件事。

索爾葦：讓發生在地上的事情，就像發生在天上一樣。

公　公：而當這種情況出現時，天國就來到。

索爾葦：當然。

公　公：然後上帝的名就會被尊為聖。

索爾葦：「我們日用的飲食，今日賜給我們。」

公　公：這是另一類懇求。

索爾葦：是。我們日用的飲食會是耶穌的身體。

公　公：你認為那是指聖餐嗎？

索爾葦：可能是。

公　公：對，可能是。雖然不少學者認為可能是，不過那大概不是指聖餐。知道為甚麼嗎？因為我們翻譯為「日用」的字，希臘文是 *epiousion*，沒有人知道這個字的真正意思是甚麼。把它翻譯為「日用的飲食」純粹是一種推測，另一個推測是「特別的飲食」。我們不曉得哪一個翻譯才對——我們日常的飲食——早餐、一天中的主餐、晚餐——還是聖餐特別的飲食。

索爾葦：我認為是聖餐，因為……除非，你想耶穌會知道嗎？祂甚麼時候教導這個禱文的？是在吃聖餐時嗎？

公　公：不是。

索爾葦：祂怎會知道自己要被釘十字架？

公　公：喔，祂是先知，先知能夠做的其中一件事，就是預先知道將來的事。

索爾葦：好吧，可以是這樣。「免我們的債，如同我們免了人的債……」沒有這麼一回事——你不會總是饒恕別人的。

公　公：要是你不饒恕別人，你以為你會被饒恕嗎？

索爾葦：或者會。

公　公：你這是冒險行為。

索爾葦：要知道，要是別人不知道你不饒恕他們的話……

公　公：重點不是：要是我不饒恕你，你就不會饒恕我。重點是：要是我不饒恕你，**上帝**就不會饒恕我。要明白，「饒恕我的罪，如同我們饒恕**其他人**的罪一樣」，是向上帝的禱告。

索爾葦：很多情況下我都饒恕，但不是饒恕每一件事情。

公　公：你該饒恕每一件事情。不饒恕是危險的，不止是因為上帝，也因為我們自己。我們不饒恕人，罪就會藏在心裏攻擊我們，使心靈腐爛。

索爾葦：大部分情況下我都饒恕，只不過有一、兩件事情不能。

公　公：你不能饒恕的那一、兩件事情是甚麼？

索爾葦：我不知道，但你明白我的意思。

公　公：你連那些事情都要饒恕。我很難做得到，但我得嘗試。

索爾葦：是，你得嘗試。

公　公：你一樣要。

繼續談主禱文

索爾葦：「不叫我們遇見試探。」

公　公：你對這句禱文有問題嗎？

索爾葦：噢，當然有，我被試探很多次了，比方說，婆婆叫我從門廊的欄杆上下來，我下來後又立即再跳上去。

公　公：那是甚麼樣的罪？你不止被試探；你跌倒。

索爾葦：我沒有跌倒。

公　公：我不是指你從欄杆上跌下來。我是指你不止被試探去做壞事，你其實真的做了，對嗎？

索爾葦：對。（笑）碧克常常受試探和跌倒。每當我打開牠籠子的門，牠常常試著就這樣跳出來。牠總是嘗試爬到籠子的門頂，有一次，牠試著在練跑球梯子上往下跑。

公　公：索爾葦，那一句懇求的重點，是求**上帝**不要試探我們。

索爾葦：我想，祂是希望看看我們到底是否真的可靠。你說因為我做事情走捷徑，所以你不信我，然而上帝對這個又有甚麼想法呢？

公　公：你能想起聖經中上帝試探人的故事嗎？

索爾葦：我能想到魔鬼。

公　公：但你能想起聖經中上帝考驗人的故事嗎？你說上帝希望考驗我們，是嗎？

索爾葦：亞當和夏娃。

公　公：那是個好例子。

索爾葦：但我們之前已經談過了。

公　公：祂在園中種了那棵樹，並說你不可摘樹上的果子吃。祂沒有向他們解釋為甚麼不可以。那純粹是一個考驗，看看他們會否服從。

索爾葦：而⋯⋯

公　公：他們不服從。

索爾葦：我猜挪亞方舟就像──喔，那不是考驗，但那是⋯⋯

公　公：你知道有個上帝考驗人的著名故事，我們昨天早上在主日證道時聽到當中的一部分內容。

索爾葦：亞伯拉罕。

公　公：對，亞伯拉罕和以撒。假設亞伯拉罕真的把以撒殺掉，那會是一件可怕的事情。因此，從一種意義上說，上帝吩咐亞伯拉罕去幹一件可怕的事情，目的只是為了看他會否服從。上帝的原意從來不是真要亞伯拉罕殺以撒。

索爾葦：因為祂說，你既然沒有這樣做，我就賜福給你。

公　公：喔，這是故事中的一個問題，不是嗎？

索爾葦：你要被祝福，但不可以這樣做，那麼……但他沒有這樣做。

公　公：可是亞伯拉罕用行動顯示，要是上帝真要他殺以撒，他會下手。

索爾葦：但他知道上帝不是真的……

公　公：噢，我倒不會假定亞伯拉罕真正知道上帝的心意。那故事太撲朔迷離，可怕得它居然有屬於自己的故事名稱。聖經中只有少數故事有自己的故事名稱──出埃及記、受難記……

索爾葦：復活記。

公　公：復活記與亞伯拉罕獻子記（*Akedah*）。希伯來字 *Akedah* 意即「捆綁」，是猶太人和基督徒特別為那故事起的名字。

索爾葦：好啦。回到禱告的題目，「救我們脫離兇惡」，意思可以是：「使我們遠離惡事」。

公　公：可以這麼說。但更有可能是指……

索爾葦：一定是和試探有關的。「不叫我們遇見試探。」

公　公：這是個好想法，但要知道，「救我們脫離兇惡」這句禱文也有一些趣事。

索爾葦：甚麼趣事？

公　公：較準確的翻譯可能是：「救我們脫離那惡者」，就是魔鬼。

索爾葦：你是說我們並不確實知道，當耶穌說這句話時，祂的腦在想甚麼？

公　公：我們不知道耶穌在想甚麼，但我們可以盡力去翻譯祂使用的字句。要知道，主禱文被翻譯過兩次。耶穌是說亞蘭文的，而新約聖經是以希臘文寫成，因此新約聖經中的主禱文是把亞蘭文翻成希臘文，當然，之後我們以英文唸這禱文。

索爾葦：是的，但也可以用其他語言唸。好像在大教堂的語言日，你可以用任何你懂得的語言禱告。我就想把主禱文翻譯成兒童隱語（Pig Latin）。[14]

公　公：你想把主禱文翻譯成兒童隱語？人們真會用兒童

14　是一種英語遊戲，把英語的順序顛倒並巧妙地改變發音，讓只有懂得有關規則者才能明白。

隱語唸主禱文嗎？

索爾葦：可能會。

公　公：你應該去學希臘文的主禱文。

索爾葦：我才不想用希臘文唸呢。（試著用兒童隱語唸。）

公　公：你不認為拿兒童隱語造出來的字來唸主禱文，可能會褻瀆上帝嗎？要是你想用正統拉丁文唸，則是另一回事。

索爾葦：用兒童隱語是個開始。

公　公：關於主禱文，我還想告訴你一件事情，之後要是你還有其他東西想談的話，我們就可以不再談主禱文。

索爾葦：我有。

公　公：「不叫我們遇見試探」，這是另一句可能有另一種翻譯的禱文。其實現代英語就把它翻成「救我們脫離審判的時刻」。

索爾葦：救我們脫離審判的時刻？在我們受考驗要上天堂抑或下地獄的時候嗎？

公　公：那時將會是審判的時刻。

索爾葦：是，那時當然會是審判的時刻。

公　公：好了，你認為我們是不是這樣通過得救考驗的呢？

索爾葦：不是。

公　公：事實上不是。

索爾葦：你可以想到死後你會去的兩個或者三個地方嗎？我就想到三個地方。

公　公：哪三個地方？

索爾葦：天堂、煉獄和地獄。

公　公：那麼你是相信煉獄的教義了？

索爾葦：是的。

公　公：你知道那是非常具爭議性的教義。

索爾葦：為甚麼？但丁神曲有記載，不是嗎？

公　公：嗯，不錯，是記載在但丁神曲裏。但聖經中完全沒有但丁神曲的記載。

索爾葦：是沒有，可是但丁仍然⋯⋯

公　公：關於煉獄的重點是，煉獄是一個十分合理的想法，只不過我們並不知道那是不是真有其事。

索爾葦：除非⋯⋯或許上帝認為你該只去兩個地方。若你是壞人，祂根本不會對你有耐性，於是祂索性把你分到天堂或者地獄去。我認為這夠合理的了。

公　公：因為上帝沒有耐性？

索爾葦：是。

公　公：這是我認為煉獄的想法是合理的地方：我不認為聖經有說過上帝像你所指的那樣沒有耐性。

索爾葦：若果祂不是沒有耐性，也許祂不想我們花時間去考慮我們該往哪裏去。

公　公：你知道你爸媽送給我們那個掛在飯廳的紀念碟嗎？

索爾葦：知道。

公　公：記得上面的字嗎？

索爾葦：我不記得上面寫著甚麼。

公　公：上面寫著：「我不渴望惡人死亡。」

索爾葦：「主耶和華說：『我指著我的永生起誓，我斷不喜悅惡人死亡。』」

公　公：對。所以聖經裏的上帝並不喜歡把人送到地獄去，正因為這一點，我認為煉獄是一個合理的想法，問題是我們無從得知到底煉獄是真的還是假的。

索爾葦：那純粹是但丁的想法。

公　公：嗯，比但丁更古老。

索爾葦：是嗎？

公　公：是。

索爾葦：那好吧！我們還沒有談完禱告。不過但丁有些十分好的想法。

公　公：但丁還有甚麼十分好的想法？

索爾葦：他有很多好的想法。他把地獄想像成某個模樣……

公　公：你讀過但丁的書嗎？

索爾葦：沒有。

公　公：那你怎麼曉得但丁說的地獄？

索爾葦：喔，吃飯時爸爸曾說過。我們一起讀那小冊子有五十次了。也許沒有五十次；也許一、二次吧。

公　公：你爸爸喜歡但丁，是嗎？

索爾葦：是的。要知道，從某一方面說，我認為但丁是一個神學家。

公　公：他是個非常偉大的神學家。

索爾葦：是啊，我知道。我要說的是，他相當喜歡虛構那些他不大肯定的東西，要是你明白我的意思。他把地獄想像成前所未有的模樣──就是我們剛才所談的。好啦，我們回到禱告的話題吧。

公　公：好的。除了主禱文之外，還有其他重要的禱文嗎？

索爾葦：信經。叫甚麼名字呢？我們在主日唸的那個。

公　公：尼西亞信經。

索爾葦：尼西亞信經。

尼西亞信經

公　公：那是禱告的一種，但是另一種禱告，不是嗎？

索爾葦：是的。

公　公：主禱文是用甚麼組成的？是用懇求語。我們總是在求甚麼。

索爾葦：對。

公　公：在信經中，我們完全不作請求。

索爾葦：我們訴說我們所知道的。

公　公：對，關於祂的事。

索爾葦：關於三件事。

公　公：都是關於上帝的事。

索爾葦：對。耶穌和聖靈，我們之前已經談過祂們了，所以我們不用再談聖靈了。

公　公：好吧。我想說的重點是，有些禱告並不向上帝求東西。

索爾葦：當然有。

公　公：信經就是這種禱告。

索爾葦：我們為別人向上帝祈求。

公　公：你說得對，但信經連這個都沒有，是嗎？

索爾葦：沒有。

公　公：不過那仍然是一個禱告。

索爾葦：好啦。那麼你來唸信經，我來解釋。因為我不懂得唸全部內容，我記得大部分，但不是全部。嗯，我會和你一同唸，我只不過記不起頭一句。

同　聲：「我們信獨一的上帝，聖父全能者，創造一切有形無形萬物的主。」

公　公：我唸的是混合版本，你知道為甚麼嗎？[15]

索爾葦：為甚麼？

公　公：因為當我還是小孩時，我學的是不同版本的

15　譯者按：公公和索爾葦唸的英文信經是"We believe in God, the Father Almighty, Maker of all things, seen and unseen."這句的另一個英語譯本作："We believe in one God, the Father, the Almighty, of all that is, seen and unseen."這一句的中文字面翻譯是：「我信獨一的上帝，聖父，全能的神，創造天地一切有形無形萬物。」公公唸的時候，沒有在 Father 與 Almighty 之間的逗號停頓，也沒有了 the 字，把「聖父」和「全能的神」混合變成了「聖父全能者」。

信經。

索爾葦：你學的是甚麼？

公　公：像主禱文的那種版本。我們隨口唸的版本是：「我們的父，汝在天上，願人都尊汝之聖名」。那是一種古老的英語。

索爾葦：對。

公　公：有個現代的英語版本，不用那種詞語的——「願人都尊你的名為聖，願你的國降臨」。

索爾葦：「願你的旨意實現在地上，如同實現在天上。」

同　聲：「賜給我們今天所需的飲食。饒恕我們對你的虧負，正如我們饒恕了虧負我們的人。不要讓我們遭受考驗……」

索爾葦：我更喜歡舊版本。

公　公：人人都更喜歡舊版本。但不管如何，我剛剛要說的是，同一情況也出現在信經。你學的是信經新版本，我學的是舊版本，因此我把兩個版本混合起來。

索爾葦：舊版本是甚麼？喲，我想唸我懂的那個版本，因為……

公　公：好吧，那你繼續唸。

索爾葦：我不記得啊。你知道記在聖經的甚麼地方嗎？大部分我都記得。

公　公：信經不記在聖經裏。

索爾葦：我是指禱文集。《公禱書》（The Book of Common Prayer）有，不是嗎？

公　公：對，我們這裏有。

索爾葦：好了，再唸一遍：「我們信獨一的上帝，全能的聖父……」

公　公：你想為甚麼信經堅稱有位獨一的上帝？

索爾葦：因為只有一位上帝。

公　公：許多人認為有很多個神，對嗎？

索爾葦：對。「我們信獨一的上帝，全能的聖父……」

公　公：對這句有問題嗎？

索爾葦：甚麼問題？

公　公：我在問你。

索爾葦：有問題嗎？

公　公：喔，有個有趣的問題……

索爾葦：問題是甚麼？

公　公：之前我們曾經談過的……上帝能讓二加二等於五嗎？

索爾葦：是談過的。不能。

公　公：所以全能的意思不一定是⋯⋯

索爾葦：但如果上帝想要的話，二加二可以等於五。

公　公：我認為不是。

索爾葦：要是祂在最早、最早的時候已經讓二加二可以等於四，到了現在祂就不可以突然變掛。

公　公：啊哈！好。

索爾葦：因為要是突然改變的話，全部數字都要改變了——許多數目便會錯的了。所以⋯⋯「創造天地」，很明顯創造「天」和「地」是有分別的。

公　公：有甚麼分別？

索爾葦：「天」更大程度是一處樂境；「地」是一個考驗。

公　公：一個考驗？好的。

索爾葦：「有形無形萬物。」

公　公：是不是有不少東西是無形的呢？

索爾葦：有許多。

公　公：好像甚麼？

索爾葦：祂。

公　公：祂沒有造自己。

索爾葦：祂有。（笑）

公　公：沒有。上帝沒有**造**自己。

索爾葦：祂存在就存在。

公　公：祂存在就存在。有沒有上帝造的生物是無形的呢？

索爾葦：當然有。我們現在見不到的——我就見不到有印度大豹坐在我面前。

公　公：但要是真有頭印度豹在這裏，牠是被看得見的。

索爾葦：對。誰都看不見魔鬼。

公　公：我想是的。

索爾葦：除非你死去。

公　公：那麼天使呢？

索爾葦：在個小房間中看不見。但在樓下就看得見；那裏的聖誕樹上有許多。

公　公：但那些不是真天使。

索爾葦：不是，但你仍然看得見天使。要是你看電影《風雲人物》（*It's a Wonderful Life*），你肯定看到天使。[16]

公　公：可是，真天使是有形的嗎？

索爾葦：不是。

16　譯者按：1946 年美國黑白電影，講述一名有輕生念頭的小鎮青年被守護天使開導的勵志故事。

公　公：他們可以被看得見。

索爾葦：地球是一處讓人對事物感到驚奇和進行學習的地方。我曾經見過一幅有著大耳朵天使的圖畫。我從來不知道天使有大象耳朵般的耳朵。

公　公：我不認為他們有像大象耳朵的耳朵。

索爾葦：你從來沒有見過，你怎麼知道？

公　公：我們知道天使是因為聖經。在聖經中，當他們讓人看得見時，他們看起來像發光的人。

索爾葦：可以啦。「有形無形萬物。我們信獨一的主，耶穌基督」，又是「獨一」。

公　公：是。

索爾葦：「上帝的獨生子……」

公　公：祂不是有一大堆兒子。

索爾葦：「在萬世以前為父所生……」

公　公：在萬世以前所生？索爾葦，你父親是在一個特定的時刻生你。

索爾葦：十一月三日早上二時。

公　公：那是你出生的時間。

索爾葦：（笑）

公　公：在生你之前，他們把你懷在腹中九個月，對嗎？

索爾葦：對。

公　公：但耶穌卻是在**萬世**以前為父所生。也就是說，祂從來沒有一刻不是與父同在的。祂不是在一個特定的日子被父生下來，不像你，你是父母在一個特定的日子被生下來的。

索爾葦：好啦。回到信經去。「我們信獨一的主，耶穌基督，上帝的獨生子，為父所獨生的子。」

公　公：「在萬世以前為父所生。」

索爾葦：「獨生子」，哎，這裏有個疑問。我們都是上帝的兒女。

公　公：我們不是生來就是上帝的兒女。

索爾葦：我是上帝的**女兒**，但我們全都是……

公　公：你是被上帝收納的孩子。

索爾葦：我是嗎？

公　公：上帝只有一個親生孩子。

索爾葦：**真的**孩子——除非祂是沒有精子的，祂有嗎？

公　公：我不懂你的意思。

索爾葦：在祂體內出來的精子。

公　公：祂沒有。我們是上帝的兒女是因為我們有耶穌。耶穌是上帝的獨生子，我們是耶穌的兄弟姐妹。我們是藉著耶穌而成為上帝的兒女。

索爾葦：「從神所出的神，從光所出的光，從真神所出的真神……」

公　公：這幾句幾乎全都是重複講同一個東西，不是嗎？

索爾葦：是。

公　公：為了明確地說清楚。

索爾葦：「是受生而非被造……」

公　公：上帝不是**造**了耶穌；祂**生**了耶穌。祂造了**你**和生了子。

索爾葦：「與聖父同一本質……」

公　公：明白這句的意思嗎？

索爾葦：其實我就只明白這一句。祂坐在父的右邊，所以從一種意義說，祂就是惟一與上帝同在的一位？

公　公：唔，「本質」（being）這個字。

索爾葦：對。人類（Human being）—— 你的本質是個人，你是……

公　公：一個人。

索爾葦：對。

公　公：因此，當你問：「耶穌的本質是甚麼？」答案是甚麼？

索爾葦：耶穌就是耶穌。

公　公：對。但祂也同時是某**種**存有體。那是一種怎麼樣的存有體呢？

索爾葦：上帝。

公　公：明白耶穌是怎樣與上帝同一本質嗎？

索爾葦：我始終認為聖靈應該介乎耶穌與上帝之間，但是……

公　公：許多人都這樣子認為。

索爾葦：你記得我們之前已經談過這一點了。現在我們要談的不是這個。「與聖父同一本質。萬物都是藉著他受造。」

公　公：說萬物都是**藉著**耶穌受造的，這句不是已經解答了你的問題了嗎？

索爾葦：我還有問題。

公　公：甚麼問題？

索爾葦：嗯，我想說，爸爸寫的許多電影劇本，都不是耶穌寫的。祂沒有寫你的系統神學。

公　公：你說的當然對。可是我們之前不是討論過同一個觀點了嗎？從一種意義上說，我們做我們所做的事，但要不是因為上帝，我們是不會這麼做的。

索爾葦：是。但跟耶穌去做卻不是同一回事。

公　公：這就是為甚麼信經這樣説：萬物都是**藉著**祂受造的。

索爾葦：但我不認為⋯⋯

公　公：我們是藉著耶穌受造的；祂不是藉著我們受造的。

索爾葦：可是在耶穌之前還有許多人。

公　公：真是有許多嗎？如果祂是父在**萬世**以前所生的話⋯⋯

時間與永恆

索爾葦：但祂並不是單單坐在父的右手邊幾億萬⋯⋯哎，説實話，當時還沒有「**年**」這個單位呢。

公　公：就是啊！當時還沒有「年」這個單位呢！

索爾葦：天啊！我真討厭想像祂就這樣永遠乾坐著。沒有開始⋯⋯

公　公：但要是沒有開始的話，就不是「直到永永遠遠」了。

索爾葦：我就是不明白這一點。我很難想像……我們光是活著，然後就死去，我很難想像「永永遠遠」。一定要在某處有個開始，這是為甚麼我不能想像有「永永遠遠」。

公　公：不過，基督徒想到的永恆不是這樣的。你和大部分人在談到「永永遠遠」時所形容的情況，彷彿指有一條直線，排在上面的事件，啪、啪、啪，一件接一件地發生。公公在直線上的這一端開始，一會兒之後，就再沒有公公了，等等。這種線稱為時序。

索爾葦：是。

公　公：好了，事實是，上帝沒有時序。

索爾葦：祂沒有。

公　公：這是祂和我們之間的分別。

索爾葦：但「永遠」卻是一直存在的。

公　公：當你說「永遠」是一直存在的，你就已經假定有時序。

索爾葦：若是沒有，那你想像永恆是怎麼樣的呢？

公　公：我們不去想像它。

索爾葦：好吧，要是無法明白永恆的話，我們還是轉個題目好了。

公　公：有方法明白永恆是甚麼，但你就是不能去**想像**它。

回到信經

索爾葦：好啦。祂「與聖父同一本質」，「為要拯救我們世人」，從天上降臨。祂拯救我們，並且因聖靈的大能從天上降下來。

公　公：祂在甚麼時候這樣做呢？

索爾葦：就在祂從童貞女馬利亞所生的時候。

公　公：因為下一句就是這樣說。

索爾葦：「因聖靈的大能，從童貞女馬利亞取得肉身，而成為人……」

公　公：之前你說，你認為聖靈應該在父和子之間。

索爾葦：是的。

公　公：瞧，從一方面說聖靈是在父和子之間。在這一句中聖靈突然出現。

索爾葦：可是，之前得要解釋一下……在信經中間，應該要解釋一下……

公　公：你認為應該要介紹一下聖靈，而不是突然把祂放在那裏。

索爾葦：是。

公　公：那本來是個好主意。

索爾葦：祂「從童貞女馬利亞取得肉身，而成為人。在本丟彼拉多手下，為我們被釘在十字架上，被害，受死……」

公　公：你想為甚麼要提本丟彼拉多呢？

索爾葦：因為是本丟彼拉多殺死祂的。

公　公：幹麼要費勁去提誰殺死祂呢？

索爾葦：因為那個人就會永遠受到藐視。

公　公：不是。你知道羅馬人是怎樣計算日子的嗎？

索爾葦：怎樣？

公　公：我們有數字次序，現在我們已經到了二〇〇三年了。

索爾葦：再過幾天就到二〇〇四年。

公　公：羅馬人沒有數字次序。

索爾葦：比我想像中還要快到二〇〇四年呢！天啊，再過兩天就是了！

公　公：然後我們又會忘記新的日期。

索爾葦：是。今天早上我就擔心這件事。我正在想，到了下禮拜一上學時——距離今天剛好一整個禮拜——可能我們的老師會大意地在板子上寫二〇〇三年。

公　公：她很有可能會這樣。不管怎樣，那是離題了。羅馬人沒有年份的數字次序。他們以當時誰是統治者來定日子。因此，本丟彼拉多被記在信經之中，原因是為了定出耶穌被釘十字架的日子。

索爾葦：但這樣就有時序了，會造成問題的。

公　公：時序是為我們而設的。而因為耶穌是人，祂是活在這個時序裏的。

索爾葦：好啦，那麼是有時序的了。

公　公：為了我們的緣故。

索爾葦：好。那麼接著，祂「受死，埋葬。應驗了聖經的話，第三天復活，升天」。

公　公：這一句讓你想起甚麼嗎？

索爾葦：沒有。

公　公：好吧。

索爾葦：祂「升天……」

公　公：祂是怎樣升天的？

索爾葦：祂是上帝的兒子。祂甚麼事情都做得了。

公　公：可以。（笑）

索爾葦：「坐在聖父的右手邊」——「右手邊」不一定是右手的意思；可以是指右方。「將來必在榮耀中再臨，審判活人死人，祂的國永無窮盡。」

公　公：我們在主禱文中所祈求的上帝的國又再出現了。

索爾葦：「我們信聖靈。」最終……我還是認為聖靈應該在中間。

公　公：我們已經談過這一點了。

索爾葦：你呢？你怎麼想？

公　公：其實我同意你的看法。我認為父、靈、子可能是更好的排列。

索爾葦：你一出生就有這個想法嗎？還是你……

公　公：不是，不過是過去這幾年才有這個想法。

索爾葦：是嗎？

公　公：是啊。

索爾葦：是在你開始讀所有這些神學家的書的時候嗎？

公　公：我是個神學家；我並不只是讀他們的書。現在我們許多神學家都支持這個想法。科林．根頓（Colin Gunton）——我們剛過世的朋友——從一開始就很愛把聖靈放在中間。

索爾葦：可能他現在正在聽我們說話呢。

公　公：可能吧。

索爾葦：「我們信聖靈，是主、是賜生命者。」

公　公：這一句講述了聖靈的工作。我們之前已經談過了——靈是……

索爾葦：每個人都有的東西。

公　公：就是朝氣。

索爾葦：任何人都有靈。但另一方面，有一位聖靈。

公　公：對。靈就是朝氣，聖靈是那位賜下朝氣的。

索爾葦：好了。「從聖父、聖子所出……」

公　公：「從聖父、聖子所出」是甚麼意思？

索爾葦：祂從聖父和聖子**起作用**？祂為聖父和聖子**工作**？

公　公：嗯，要明白，排在第二的聖子是「受生而非被造」的，聖子的本質是這樣而來的。聖靈的本質則是這樣而來的：祂從上帝所出、祂從上帝出來、祂從上帝迸發出來。

索爾葦：祂是嗎？

公　公：祂是上帝的風。祂是上帝的朝氣。

索爾葦：「與聖父、聖子同受敬拜、同享尊榮；祂昔日曾藉眾先知傳話。我們信使徒所立的獨一聖而公之教會。我們承認為赦罪所設立的獨一洗禮。我們盼望死人的復活，並來世的永生。阿們。」

公　公：阿們。好了，有甚麼你想談的呢？

索爾葦：嗯，「我們信使徒所立的獨一聖而公之教會」——這句很清楚。

公　公：你認為你完全清楚這句的意思？

索爾葦：我們剛剛談的都很清楚。「我們承認為赦罪所設立的獨一洗禮。」

公　公：為甚麼不應該接受兩次洗禮？

索爾葦：受洗是關乎獨一的父、獨一的耶穌、獨一的全部東西、獨一的本質……

公　公：可以啦。

索爾葦：受洗就是一種完整。「我們盼望死人的復活」……

公　公：當天國到來時，死了的人是不會被排除在天國之外的。

索爾葦：對。「並來世的永生。」

公　公：當我們在教會讀到這句時，大部分教友會做甚麼？你來做一下。你在自己身上劃十字架，是嗎？

索爾葦：因為來世的永生就是耶穌的生命——父、子、聖靈。我喜歡這樣劃十字架：聖靈在中間。（在自己身上劃十字架）

公　公：你是這樣劃的嗎？

索爾葦：你是怎麼劃的？

公　公：我也是這樣劃的。但我從來沒有想過，把聖靈放在中間跟三一上帝有關，真妙啊。

大齋節

索爾葦：好吧，你來問我……

公　公：不行。是你說有話要談的。你想談甚麼？

索爾葦：大齋節。

公　公：大齋節，好。你想談甚麼？

索爾葦：你記得聖誕節之前那段長週期是甚麼嗎？

公　公：將臨期。

索爾葦：對了。現在我想知道大齋節。

公　公：你想知道大齋節的甚麼？

索爾葦：為甚麼人們在大齋節放棄東西？

公　公：長久以來，傳統上人們會放棄自己喜歡的東西，讓自己專注於更重要的事。

索爾葦：告訴我大齋節的故事——四十日和四十夜。

公　公：記得復活前夕的守夜禮嗎？噢，等等，你還未可以參加復活前夕的守夜禮。

索爾葦：我參加濯足星期四和受苦日，但不會在禮拜六留到那麼晚。

公　公：是的。許多人在那個午夜崇拜受洗。在早期教會，每個人——除非像有人死亡之類的突發事故——每個人都在復活前夕的守夜禮受洗。

索爾葦：每一年都是嗎？

公　公：是。通常成人會在復活前夕的守夜禮受洗。所以人們要在復活節前就開始為受洗做預備。要明白，大部分人是在成年時才受洗的。許多人是因為已經歸信了所以來教會；開始時他們是異教徒，之後他們成為基督徒。大部分人就像你父親那樣，在成年之後受洗。這是很正常的情況。嬰孩受洗是例外。

索爾葦：要是在嬰孩時就受洗，他對洗禮的意義就會一無所知。

公　公：對，所以大多數人都在復活節將近時準備受洗。準備受洗的功夫包括禁食，意思是放棄所擁有的東西，去專心思想自己要幹甚麼。還有一個想法是，人們注意到為了專心而放下世務，跟耶穌在曠野度過四十晝夜相似，因此他們把準備受洗的時間定為四十日——這就是大齋節。

索爾葦：是的。

公　公：現在只有少部分人才會守四十日的大齋節。所以情況變成了各人似乎要在守夜禮受洗似的，他們把受洗約言再唸一次，又有洗禮的水灑在他們身上，有點像重演受洗一次。這樣，大齋節就是準備受洗或者重演一個人的受洗，意思就是放棄所擁有的東西。好了，你知道你一家、婆婆和我都不大放棄我們所擁有的東西……

索爾葦：對婆婆就特別難了，因為她的生日快到了。

公　公：但我們應該可以做得更好。假如你在大齋節要放棄一些東西，那會是甚麼呢？

索爾葦：整理桌子。（笑）

公　公：你放棄你喜歡的東西。

索爾葦：我完全沒有希望放棄的東西，因為我剛在禮拜六做了。

公　公：要在這個大齋節做是有點遲了，讓我們考慮下一次大齋節。

索爾葦：《莉祺的異想世界》（*Lizzie McGuire*）。反正上學的日子我是不會看的。

公　公：那是電視節目嗎？

索爾葦：是啊。總之上學的日子我是不會看的，因為不准看。

公　公：我看，要數電視節目，你差不多要全部放棄。

索爾葦：但那是不可能的，因為我們看新聞。

公　公：或者你可以只看新聞。

索爾葦：對我來說不可能，因為那是我惟一可以看片集的時候。

公　公：必須要放棄讓你感到有點心痛的東西，否則就不算數。

索爾葦：只有在放假時……

公　公：這是強辯……

索爾葦：那我不放棄東西了。

公　公：還有其他可以放棄的東西嗎？

索爾葦：我想不到有甚麼可以放棄的了。讓我們繼續談那個故事吧。

公　公：我們正在談的就是那個故事——你。

索爾葦：是大齋節的故事——耶穌。

公　公：那四十日嗎？耶穌的情形是相反的。祂先受洗，然後在曠野度過四十日。記得耶穌受洗之後發生甚麼事嗎？

索爾葦：我不記得了。

施洗約翰

公　公：施洗約翰去到約旦河，人們到他那裏去受洗，悔改認罪。一天耶穌出現了。這是祂第一次在公眾場合露面，從祂出生以來祂一直是當木匠的。這是祂傳道工作的開始。耶穌要求受洗，約翰就說：「你不需要受洗，你沒有做過任何要悔改的事。」耶穌說：「不要緊，我們還是這樣行吧。」於是他們就下到水去，當耶穌被約翰浸在水裏並上來時，有一把聽得見的聲音響起來。

索爾葦：可是，這怎麼可能呢？祂不是已經收了門徒了嗎？

公　公：沒有。在受洗之後祂才開始收門徒。

索爾葦：嗯。

公　公：耶穌頭三十年的生涯做了甚麼，我們知道的很少。

索爾葦：那麼人們怎麼曉得祂是耶穌？

公　公：耶穌是祂的名字。

索爾葦：可是人們怎麼知道祂是上帝的兒子？

公　公：他們不知道。

索爾葦：施洗約翰是怎樣知道的？

公　公：沒有記載。

索爾葦：你估計呢？

公　公：唔，約翰是個先知，所以，大概他像一般先知那樣預先知道吧。

索爾葦：嗯。然後又怎樣呢？

公　公：耶穌受洗了，有聲音……

索爾葦：嗯，甚麼？

公　公：最早成書的福音書裏記載……

索爾葦：是哪一卷？

公　公：馬可福音。似乎只有耶穌聽到那聲音，似乎那聲音只對祂説話。但在馬太福音和路加福音中，那聲音不僅向耶穌說話，也向站在周圍的人說話。那聲音說：「這是我的愛子」，然後人們看見一隻鴿子在那聲音和耶穌之間出現，並降在耶穌的頭上。在繪畫耶穌受洗的圖畫裏，你會看到耶穌站在水中，在畫的上方有一線明光從雲彩中透出來，這代表了那聲音，而鴿子就在雲彩和耶穌之間。這就是耶穌被立去進行傳道和醫治的工作。

索爾葦：那麼每個人都是因為那聲音，所以知道祂是誰嗎？

公　公：不是每個人，是那些聽見又相信那聲音的人。人們絕對有可能聽到那聲音並說：「只不過是打雷之類的聲音。」

索爾葦：那麼接著……

公　公：故事說，接著耶穌在聖靈驅使下去到曠野。曠野不一定相距很遠，因為約翰所在的約旦河兩岸已經幾乎是曠野。到曠野是指他往再遠一點的沙漠去的意思。

索爾葦：和跟隨祂的人一起去嗎？

公　公：不是。那時祂還沒有跟隨者。

索爾葦：但你剛說祂受洗之後……

公　公：在四十日之後。

索爾葦：好吧。但那是剛在祂死之前的四十日。

公　公：不是。四十日之後再過三年祂才死去。一般的理解是，耶穌作工三年，在祂受洗時開始，在祂被釘十字架時結束。

四十晝夜

索爾葦：就只有四十晝夜嗎？

公　公：光是在曠野裏度過。

索爾葦：對。四十晝夜之後就到復活節和受難日。

公　公：基督教教會禮儀年曆是這樣編排，但耶穌的生命進程卻不是這樣。像我之前說過那樣，次序是倒轉過來的——祂受洗之後才是四十晝夜。

索爾葦：知道了。

公　公：我們把問題弄清楚了嗎？

索爾葦：弄清楚了。

公　公：那麼，在四十晝夜中發生了甚麼事？

索爾葦：祂受試探。

公　公：你記得三次試探是甚麼嗎？

索爾葦：不記得。

公　公：第一個是魔鬼……

索爾葦：這個我知道，我只是不記得……

公　公：四十晝夜是沒有食物的。

索爾葦：對。

公　公：魔鬼對祂說：「你若是上帝的兒子，隨便給自己弄些食物；把這些石頭變成餅。」

索爾葦：祂又不是魔術師。

公　公：所以祂沒有照做。

索爾葦：之後魔鬼說甚麼？

公　公：耶穌回答魔鬼說：「經上記著說」——順帶一提：耶穌給魔鬼的一切回答都是以「經上記著說」來開始的，就是引述聖經的話——「人活著不是單靠食物，乃是靠上帝口裏所出的一切話。」意思是指，沒有餅我也可以生活，可是沒有上帝和聽從於你，我就不能生活。所以那個試探無效。

索爾葦：好。

公　公：魔鬼接著嘗試做的第二個試探是，他把耶穌領到高山上。要找出那個山在哪裏有點困難，因為附近並沒有山——不管如何，他把耶穌領到高山上……

索爾葦：喔，事到如今，那個山可能已經被淡忘了。

公　公：也可能人們即時把山移走了，因為那處是魔鬼活動的地方。不管怎樣，他領耶穌到高山上，耶穌在那裏看得見世上的大國，然後魔鬼說——這真有點嚇人——「那些大國全都屬於我。」

索爾葦：那不嚇人。

公　公：魔鬼所指的是，大國都在他控制之下。

索爾葦：好啦。然後呢？

公　公：耶穌沒有反駁他這一點。於是魔鬼說：「那些國都是屬於我的，你若拜我，我就把它們給你。」

索爾葦：「你若拜我，我就把它們給你」？

公　公：是的。「你就會成為世界的王。」

索爾葦：哦。

公　公：耶穌一樣抵擋住那個試探。祂說：「經上記著說」——用同一句話開始——「當拜主你的上帝，單要侍奉他。」祂引述第一條誡命。

索爾葦：對。

公　公：魔鬼還有一招。

索爾葦：他又說甚麼呢？

公　公：他領耶穌到耶路撒冷聖殿的頂上。魔鬼望著下面的人行道，今次他自己引述聖經說：「主要為你吩咐祂的使者保護你。免得你的腳碰在石頭上。」「因此，」祂說：「你若是上帝的兒子，就跳下去吧。」

索爾葦：他的話是甚麼意思呢？

公　公：魔鬼引述聖經的主意是，若耶穌真是上帝的兒子，祂可以不顧一切從殿上跳下去，在祂受傷之前上帝會派天使把祂接住。他的主意，是要耶穌這樣做來證明祂是上帝的兒子。耶穌說：「不可試探主你的上帝」，就是說，你不可試探祂說：「我這就跳下去，祢要把我接住來證明我是上帝的兒子。」

索爾葦：不可試探主上帝？

公　公：對。

索爾葦：有一晚我正在讀十條誡命，上面說：「不可試探主你的上帝」——或者是類似的話。

公　公：那是另一條：「不可妄稱你主上帝的名。」

索爾葦：也許那是第五條誡命的一部分。

公　公：也許是。

索爾葦：好了，說下去。

公　公：試探結束了，魔鬼暫時罷手。

索爾葦：你說「暫時」是甚麼意思？

公　公：以後還有幾次試探。

索爾葦：很明顯啦。

公　公：這就是四十日的試探……

索爾葦：也是四十夜。

公　公：當人們十分認真地遵守大齋節——正如他們以前一直那樣做，某些地方如今依然保持著這個習慣——當中的意念是，在大齋節放棄所擁有的東西，以致到了在大齋節期間，你的生命跟耶穌在曠野的生命要有幾分相似的地步。

索爾葦：放棄？

公　公：嗯，盡你最大的努力。

索爾葦：當然一定要……

公　公：你知道懺悔火曜日嗎？

索爾葦：知道。

公　公：那是肥美禮拜二，意思是在大齋節開始之前的那個禮拜二要大吃一頓，因為大齋節確實是自我節制的日子。

還有甚麼？

索爾葦：好吧。現在你還想談甚麼？

公　公：要你來決定。

索爾葦：嗯，我們已經談了很多了。

公　公：我們確實是。

索爾葦：我想不到甚麼了。

公　公：好吧，那我們結束好了。

緊扣時代 服事教會

以文字傳揚基督真道

讀者意見表

衷心多謝你購買本社書籍。本社一直致力以出版事工服事教會，幫助信徒扎根於神的話語，促進靈命增長。為使我們的出版更能滿足你的需要，請填寫下列各項資料，並寄回或傳真予本社。

所購書籍：________________

本書最吸引你的地方：
□作者　□適切性　□文筆　□設計　□實用性
□其他：________________

購買本書地點：
□基道書樓　□基督教書店　□非基督教書店

性別：□男　□女　職業：________________

信仰：□基督徒　□非基督徒

年齡：□16歲或以下　□17～25歲　□26～35歲
□36～55歲　□56歲或以上

學歷：□中三或以下　□中五　□預科
□大學　□研究院

□我欲更多了解基道出版社的事工及考慮支持，請寄給我下列資料：
□機構簡介　□新書資料　□基道會員通訊
□《基道文字事工通訊》

姓名：________________ 電話：________________

地址：________________

____

傳真：________________ 電子郵件：________________

其他意見：________________

____

多謝賜教！

意見表可以傳真（2687-0281）或直接郵寄以下地址：
香港沙田火炭坳背灣街26號富騰工業中心1011室
基道出版社編輯部收